STUDENT ACTIVITIES MANUAL
(Workbook/Lab Manual/Video Manual)

FACETAS

Nivel intermedio | Curso breve

SECOND EDITION

Blanco | Colbert

VISTA
HIGHER LEARNING

Boston, Massachusetts

Printed in the United States of America.

ISBN-13: 978-1-60007-215-4

ISBN-10: 1-60007-215-1

1 2 3 4 5 6 7 8 9 BB 12 11 10 09 08 07

Table of Contents

LAB MANUAL

VIDEO MANUAL

About the Student Activities Manual

The **FACETAS, Second Edition,** Student Activities Manual (SAM) provides you with additional practice of the vocabulary, grammar, and language functions presented in each of your textbook's six lessons. The SAM will also help you to continue building your Spanish language skills: listening, speaking, reading, and writing. The SAM for **FACETAS, Second Edition** combines three major learning tools in a single volume: the Workbook, the Lab Manual, and the Video Manual.

Workbook

Each lesson's workbook activities focus on developing your reading and writing skills as they recycle the language of the corresponding textbook lesson. Exercise formats include, but are not limited to, true/false, multiple choice, fill-in-the-blanks, sentence completions, fleshing out sentences from key elements, and answering questions. You will also find activities based on drawings and photographs.

Reflecting the overall organization of the textbook lessons, each workbook lesson consists of **Contextos** and **Estructura** sections, in addition to **Lectura** and **Composition** sections where you will concentrate on reading and writing in a more focused and directed manner.

Lab Manual

The Lab Manual activities are designed for use with the FACETAS, **Second Edition** Lab Audio Program MP3s on the Supersite (available on CD-ROM upon request). The activities focus on building your listening comprehension, speaking, and pronunciation skills in Spanish, as they reinforce the vocabulary and grammar of the corresponding textbook lesson. The Lab Manual guides you through the Lab Audio Program MP3 files, providing the written cues— direction lines, models, charts, drawings, etc.—you will need in order to follow along easily. You will hear statements, questions, dialogues, conversations, monologues, commercials, and many other kinds of listening passages, all recorded by native Spanish speakers. You will encounter a wide range of activities, such as listening-and-repeating exercises, listening-and-speaking practice, listening-and-writing activities, illustration-based work, and dictations.

Each lesson of the Lab Manual contains a **Contextos** section that practices the vocabulary taught in the corresponding textbook lesson, and each one continues with an **Estructura** section. **Lecciones 1–4** contain a **Pronunciación** section in which you will practice sounds that are particularly difficult for students of Spanish.

Video Manual

The **FACETAS, Second Edition** Sitcom Video offers five- to seven-minute episodes of an original situation comedy, one episode for each of the six lessons in the student textbook. The sitcom's characters—Fabiola, Mariela, Diana, Éric, Johnny, and their boss, Aguayo—work in Mexico City for a magazine called *Facetas,* and quite a few humorous and unexpected situations arise in every episode. Each of the main characters has a distinct personality that enlivens every situation in which they seem to find themselves.

The structure of each episode parallels contemporary popular sitcoms, complete with a "teaser" scene that introduces the show and a funny "tag" scene that ends the episode with a joke. The video episodes are expanded versions of the ones featured in the **Fotonovela** sections of your textbook. Each episode emphasizes the grammar and vocabulary of the corresponding textbook lesson within the context of the episode's key events.

The video activities will guide you through the video episodes. **Antes de ver el video** offers previewing activities to prepare you for successful video viewing experiences. **Mientras ves el video** contains while-viewing activities that will take you through each episode, focusing on key ideas and events. Lastly, **Después de ver el video** provides post-viewing activities that check your comprehension and ask you to apply these materials to your own life or offer your own opinions.

We hope that you will find the SAM for **FACETAS, Second Edition** to be a useful language learning resource and that it will help you increase your Spanish language skills both effectively and enjoyably.

The FACETAS, Second Edition writers and the
Vista Higher Learning editorial staff

CONTEXTOS

Workbook

1 **Palabras cruzadas** Completa el crucigrama.

1. alguien que no dice la verdad
2. alguien que es muy afectuoso y que muestra las emociones fácilmente
3. algo que no es cierto
4. cuando un chico sale con una chica, o al revés
5. una persona que siente vergüenza de hablar con otras personas
6. el estado civil de alguien que vive en matrimonio

2 **No, no es verdad** Fabiola y Mariela nunca se ponen de acuerdo. Cuando Fabiola dice algo, Mariela siempre le contesta diciendo lo contrario. Escribe lo que contesta Mariela según el modelo.

modelo

FABIOLA ¡Carlos es insensible!
MARIELA *No, no es verdad. Carlos es sensible.*

1. **FABIOLA** Fermín y Carla se odian.
   MARIELA _____
2. **FABIOLA** Fermín es muy inseguro.
   MARIELA _____
3. **FABIOLA** Carla está muy ansiosa.
   MARIELA _____
4. **FABIOLA** Ellos están divorciados.
   MARIELA _____
5. **FABIOLA** Ellos se llevan fatal.
   MARIELA _____

3 **Opuestos** Escribe el antónimo de estas palabras o expresiones.

1. agobiado _____
2. casado _____
3. pasarlo bien _____
4. salir con alguien _____
5. tacaño _____

4 Oraciones incompletas Elige la palabra apropiada para completar cada definición.

1. Una persona que impone reglas muy estrictas es _____.
   a. autoritaria   b. emocionada   c. graciosa

2. Alguien que se siente siempre triste es una persona _____.
   a. ansiosa   b. deprimida   c. tacaña

3. A una persona _____ no le gusta gastar su dinero.
   a. falsa   b. cariñosa   c. tacaña

4. Alguien es _____ cuando no dice la verdad.
   a. maduro   b. orgulloso   c. mentiroso

5 Analogías Completa cada analogía con la palabra adecuada.

1. pasarlo bien : discutir :: adorar: _____

2. seguro : confianza :: cariñoso: _____

3. salir con : romper con :: estar casado: _____

4. preocupado : ansioso :: mentiroso: _____

6 Relaciones Usa las palabras y frases de la lista para formar oraciones sobre personas que tú conozcas.

cuidar	hacerle caso a alguien	pasarlo bien
discutir	llevar…años de casados	salir con
estar harto de	mantenerse en contacto	soportar a alguien

1. Mis padres **llevan** veinte **años de casados.** Aunque a veces **discuten,** ellos se adoran y tienen una buena relación.
_____

2. _____

3. _____

4. _____

5. _____

6. _____

ESTRUCTURA

1.1 The present tense

1 **Conclusiones erróneas** Mariela tiene una mala costumbre: saca conclusiones con mucha rapidez, y por eso saca conclusiones erróneas. Completa las ideas y las conclusiones erróneas de Mariela.

1. Mi amiga no **está** casada y se **siente** sola.

   Yo no _____ casada y me _____ sola.

   Tú no _____ casado y te _____ solo.

   Conclusión: Todas las personas que no _____ casadas se _____ solas.

2. Tú te **mantienes** en contacto con tus amigos de la universidad.

   Mis amigos y yo nos _____ en contacto.

   Mi abuela y su mejor amiga de la infancia todavía se _____ en contacto.

   Conclusión: Todos los amigos se _____ en contacto.

3. Yo me **llevo** bien con mi hermano.

   Tú te _____ bien con tu hermano.

   Mis padres se _____ bien con sus hermanos.

   Conclusión: Todos los hermanos se _____ bien.

4. Yo siempre les **hago** caso a mis padres.

   Tú siempre les _____ caso a sus padres.

   Mi amigo Guillermo siempre les _____ caso a sus padres.

   Conclusión: Todos los hijos les _____ caso a sus padres.

2 **Excusas** Juan quiere salir con Marina, pero ella no está muy interesada. Completa la conversación entre ellos con la forma correcta de los verbos entre paréntesis.

JUAN ¿1) _____ (Querer) cenar conmigo esta noche?

MARINA No, gracias, esta noche 2) _____ (salir) con una amiga.

JUAN ¿Adónde 3) _____ (ir) a ir ustedes?

MARINA Yo no lo 4) _____ (saber) todavía.

JUAN ¿Cuándo 5) _____ (pensar) tú que lo vas a saber?

MARINA Nosotras 6) _____ (tener) que ir antes a una reunión, pero yo 7) _____ (creer) que vamos a ir a bailar.

JUAN De acuerdo, pero nosotros 8) _____ (poder) hacer planes para mañana.

MARINA Yo 9) _____ (tener) mucho trabajo y además 10) _____ (estar) muy preocupada por mi amiga. Ella 11) _____ (estar) deprimida.

JUAN ¿Qué 12) _____ (poder) hacer yo para ayudarla?

MARINA Hmm... La verdad es que no 13) _____ (ver) cómo tú podrías ayudarla, pero gracias.

Lección 1 Workbook **3**

3 **¡Pobre Éric!** Éric está enojado. Le molestan algunas cosas que hacen su familia y sus amigos. Completa las oraciones con la forma correcta de los verbos entre paréntesis para explicar por qué Éric está enojado.

1. Éric está enojado con su amigo porque...

(saber) _____

(dormir) _____

2. Éric está enojado con sus amigos porque...

(estar) _____

(tener) _____

3. Éric está enojado con su vecino, don Pepe, porque...

(decir) _____

(hacer) _____

4. Éric está enojado con Johnny y Mariela porque...

(discutir) _____

(traer) _____

4 **Primer contacto** ¿Te acuerdas de Ana Villegas y Frank Petersen? (Ver lectura *Parejas sin fronteras*.) Ellos se conocieron en Internet jugando a las cartas y después comenzaron a intercambiar mensajes por correo electrónico. Completa sus primeros mensajes con los verbos de la lista.

confesar	dirigir	pensar	querer	tomar
creer	estudiar	preferir	tener	trabajar

¡Hola, Ana! Como ya sabes, soy periodista y 1) _____ la sección de cultura de una revista. 2) _____ una perra que se llama Lola. No 3) _____ mucho porque siempre estoy trabajando. 4) _____ que eres una mujer muy interesante. Espero conocerte en persona pronto.

Hola, Frank, gracias por tu mensaje. Tengo 25 años, ¿y tú? 5) _____ economía en la UNAM; además, 6) _____ clases de estadística. También 7) _____ en un banco en la Ciudad de México. 8) _____ a los hombres inteligentes y seguros, y 9) _____ que eres así. Yo también 10) _____ conocerte en persona pronto.

5 **La primera cita** Finalmente, Frank decide visitar a Ana en México. Completa esta conversación que ocurre durante su primera cita en un restaurante. Usa la forma correcta de los verbos entre paréntesis.

1. **ANA** ¿ _____ ? (acordarse)
   FRANK Sí, yo estaba muy nervioso... Bueno, a ver el menú...

2. **FRANK** ¿ _____ ? (pedir)
   ANA Pollo; aquí lo cocinan al estilo italiano y es muy rico.

3. **FRANK** ¿ _____ ? (saber)
   ANA No, pero viene con una salsa con sabor a hierbas. ¡Es delicioso!

4. **FRANK** ¡Qué bueno! Y oye, ¿ _____ ? (hacer)
   ANA Normalmente, salgo con mis amigas a bailar.

1.2 *Ser* and *estar*

1 **¿Ser o estar?** Completa con la forma apropiada de ser y estar.

Johnny 1) _____ hablando por teléfono con su primo
Ernesto. Ernesto 2) _____ deprimido porque su novia
3) _____ muy lejos: ella 4) _____
en los EE.UU. Su situación 5) _____ complicada
porque Ernesto 6) _____ de México, y su novia
7) _____ estadounidense y vive en Miami.
Ellos 8) _____ muy enamorados, pero no
9) _____ felices. Ernesto 10) _____
pensando en ir a estudiar a Miami y le pregunta a su primo Johnny
si 11) _____ una buena idea. ¿Qué consejos le dará Johnny a su primo?

2 **¿Qué significa?** Selecciona la opción con el mismo significado que la oración original.

1. A Juan no le gusta mucho la clase de italiano.
   a. Juan es aburrido.   b. Juan está aburrido.

2. Juan se va de vacaciones con sus amigos. Ya tiene todo en orden. Quiere salir ahora.
   a. Juan es listo.   b. Juan está listo.

3. La profesora de Juan es muy desorganizada, siempre llega tarde y nunca comprende las preguntas de sus estudiantes.
   a. La profesora de Juan es mala.   b. La profesora de Juan está mala.

4. Estas naranjas no han madurado (*have not ripened*).
   a. Las naranjas están verdes.   b. Las naranjas son verdes.

5. Las chicas siempre suspiran (*sigh*) cuando ven a Juan.
   a. Juan es guapo.   b. Juan está guapo.

6. Juan es un chico muy activo; tiene planes para toda la semana, pero no para el sábado.
   a. Juan es libre el sábado.   b. Juan está libre el sábado.

3 **Primer día de trabajo** Completa el párrafo con la forma apropiada de ser y estar.

1) _____ las 7:00 de la mañana y Mariela todavía 2) _____ en la
cama. Hoy 3) _____ su primer día de trabajo y tiene que 4) _____ en
Facetas a las 8:00. Mira por la ventana y 5) _____ nublado. Se prepara rápidamente
y a las 7:30 ya 6) _____ lista. Mariela no sabe dónde 7) _____ la
Revista *Facetas*. Finalmente llega, y sus compañeros, que no 8) _____ trabajando,
la saludan. Ella piensa que todos 9) _____ simpáticos. Éric le dice que la reunión
con Aguayo 10) _____ en su oficina. Mariela 11) _____ un poco
nerviosa, pero 12) _____ contenta y cree que *Facetas* 13) _____ un
buen lugar para trabajar.

4 **El consultorio** Lee la carta que un consejero sentimental le envía a Julia y completa las oraciones con la forma correcta de **ser** y **estar**.

Querida Julia:

Tu caso no 1) _____ único, 2) _____ muy frecuente. Hay personas que 3) _____ insensibles a los sentimientos de los demás y tu novio 4) _____ una de esas personas. Él dice que 5) _____ agobiado con los estudios y que 6) _____ deprimido. No sale contigo porque 7) _____ estudiando y cuando sale contigo siempre 8) _____ coqueteando con otras chicas. Sé que tú 9) _____ pasando por un momento difícil, pero tienes que darte cuenta de que tu novio no 10) _____ sincero contigo. Te aconsejo que rompas con él. Julia, tú 11) _____ una buena chica y pronto vas a 12) _____ lista para empezar una nueva relación.

5 **La carta de Julia** Imagina que tú eres Julia. Escribe la carta que ella le escribió al consejero sentimental. Usa **ser** y **estar** en cinco oraciones.

Estimado consejero sentimental:

Necesito su consejo porque tengo problemas en mi relación. Mi novio…

_____

_____

_____

_____

_____

Atentamente,

Julia

_____

6 **Busco pareja** Imagina que estás buscando pareja y decides escribir un anuncio personal. Describe tu personalidad y tu estado de ánimo actual (*present*). Usa **ser** y **estar** y el vocabulario de la lección.

_____

_____

_____

_____

_____

_____

_____

_____

1.3 Progressive forms

1 **¡Qué desconcierto!** Martín, el representante de un grupo musical, iba a reunirse con los músicos, pero solamente un miembro del grupo apareció en la reunión. Completa su conversación con el gerundio de los verbos entre paréntesis.

GUILLE ¿Qué anda 1) _____ (buscar), jefe?

MARTÍN Al grupo. Hace media hora que debían estar aquí.

GUILLE Están 2) _____ (descansar), jefe. Anoche estuvimos 3) _____ (trabajar) hasta tarde.

MARTÍN ¡Me estoy 4) _____ (poner) nervioso! Tenemos que ensayar el nuevo tema. ¿Qué están 5) _____ (hacer)?

GUILLE Juan está 6) _____ (dormir). Se acostó al mediodía.

MARTÍN ¡Ese muchacho sigue 7) _____ (ser) un irresponsable! No sé por qué lo sigo 8) _____ (soportar).

GUILLE No se enoje, jefe. Juan está 9) _____ (tocar) muy bien la guitarra estos días.

MARTÍN ¿Qué me dices de Karina?

GUILLE Hace media hora estaba 10) _____ (leer) una novela en la biblioteca.

MARTÍN ¿Y la cantante? ¿Dónde está 11) _____ (perder) el tiempo?

GUILLE Está 12) _____ (comer).

MARTÍN ¿Otra vez? ¡No podemos seguir a este ritmo!

2 **¿Qué están haciendo?** Elige cinco de las personas o grupos de personas de la lista, y para cada una escribe una oración completa con **estar** + [*gerundio*] para explicar lo que están haciendo ahora mismo.

mi jefe/a	mi novio/a
mi madre	mi profesor(a) de español
mi mejor amigo/a	mi vecino/a
nosotros	mi(s) compañero/a(s) de cuarto

1. _____
2. _____
3. _____
4. _____
5. _____

3 **Muchas preguntas** Completa esta conversación entre dos amigas. ¡Una de ellas es muy preguntona! Usa el presente progresivo de los verbos entre paréntesis.

SARA ¿A quién _____ estás llamando por teléfono _____ (llamar por teléfono)?

ANA A nadie. ¡Sólo tengo mi celular para llamarte a ti!

SARA ¿En qué 1) _____ (pensar)?

ANA En el fin de semana. Quiero ir a un concierto con unos amigos.

SARA ¿Qué 2) _____ (leer)?

ANA Una novela de Mario Benedetti.

SARA ¿Qué 3) _____ (beber)?

ANA Una soda.

SARA ¿Qué 4) _____ (escribir)?

ANA Sólo apuntes para el ensayo de literatura.

SARA ¿De qué te 5) _____ (reírse)?

ANA ¡Tus preguntas me hacen reír!

4 **Describir** Usa los verbos de la lista para describir lo que están haciendo estas personas.

cerrar	comprar	hacer gimnasia
comer	dormir	mostrar

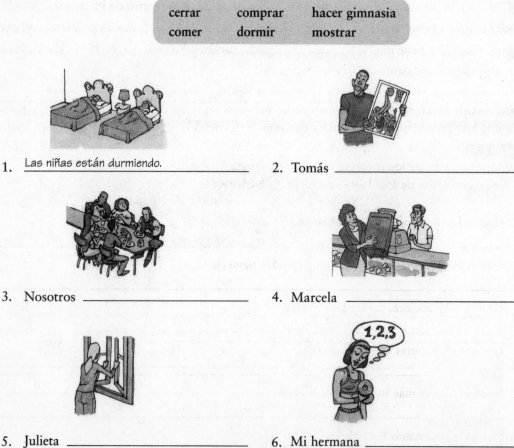

1. Las niñas están durmiendo. _____   2. Tomás _____

3. Nosotros _____   4. Marcela _____

5. Julieta _____   6. Mi hermana _____

MANUAL DE GRAMÁTICA

1.4 Nouns and articles

1 **Cambiar** Escribe en plural las palabras que están en singular, y en singular las que están en plural.

1. los amigos belgas _____

2. el espacio común _____

3. la antigua ciudad _____

4. una estudiante inteligente _____

5. los profesores españoles _____

6. una pareja feliz _____

2 **Correo sentimental** La revista *Todo Corazón* tiene una sección de anuncios personales. Completa este anuncio con el artículo correspondiente. Si no es necesario usar un artículo, escribe X.

Tengo 23 años y soy estudiante. Soy 1) _____ chico tranquilo y trabajador. Me gusta

2) _____ naturaleza y no tengo 3) _____ problemas con mis vecinos.

Me gusta ir al cine y no me gusta 4) _____ fútbol. Tengo buen humor por

5) _____ mañanas y mejor humor por 6) _____ tardes. Vivo en

7) _____ apartamento en 8) _____ quinto piso de 9) _____

edificio muy moderno en Miami. Sólo tengo 10) _____ pequeño problema: mi perro.

Algunos dicen que tiene mal 11) _____ carácter. Yo creo que es 12) _____

buen animal, pero se siente solo, como su dueño.

3 **Exageraciones** Lee estas afirmaciones exageradas y responde siguiendo el modelo.

> **modelo**
>
> Éstos son dos de los mejores carros del planeta.
> *Éstos son unos de los mejores carros del planeta.*

1. Ésta es la mejor película de la historia.

_____

2. Éste es el libro más interesante de todos los tiempos.

_____

3. Ellas son las mejores cantantes del año.

_____

4. Éste es el lápiz más largo del mundo.

_____

5. Éste es el lunes más frío del año.

_____

6. Ella es la mujer más bella de la ciudad.

_____

1.5 Adjectives

1 **Tu opinión** Completa cada oración con las dos cualidades que tú prefieras en cada caso. Usa la forma correcta de los adjetivos de la lista.

autoritario	feliz	organizado	simpático
bueno	falso	romántico	tradicional
cariñoso	gracioso	sensato	tranquilo
divertido	(in)maduro	sensible	vanidoso

1. Mis profesores son _____ y _____ .

2. Mi mejor amigo es _____ y _____ .

3. No me llevo bien con las personas que son _____ y _____ .

4. Mi pareja ideal es _____ y _____ .

5. Mis padres son _____ y _____ .

6. Mi cantante favorito es _____ y _____ .

7. Mis abuelos son _____ y _____ .

8. Mis vecinos ideales son _____ y _____ .

2 **¿Un gran ejercicio o un ejercicio grande?** Indica el significado apropiado de estas oraciones.

1. Carlos es un pobre hombre.

_____ a. Carlos es un hombre que gana poco dinero.

_____ b. Carlos es un hombre que da lástima.

2. Es un viejo amigo.

_____ a. Él y yo somos amigos desde hace muchos años.

_____ b. Él es mi amigo y tiene 95 años.

3. Se muda a su antiguo edificio.

_____ a. Se muda a un edificio viejo.

_____ b. Se muda al edificio donde vivía antes.

4. Es un país pobre.

_____ a. Es un país con una economía débil.

_____ b. Es un país que no es respetado por otros países.

5. Mi hija tiene un nuevo profesor.

_____ a. Mi hija tiene un profesor muy joven.

_____ b. Mi hija tiene un profesor que no trabajó antes en su escuela.

6. Tu madre es una gran persona.

_____ a. Tu madre es una persona gorda y alta.

_____ b. Tu madre es una persona muy buena.

LECTURA

1   **Antes de leer** ¿Cuáles son las ciudades más grandes de tu país? Ordénalas según el tamaño (*size*). ¿Tienen algo en común?

_____

_____

MÉXICO D.F., UNA MEGAMETRÓPOLI

La Ciudad de México (México D.F.) es una verdadera megametrópoli. Hoy en día, es considerada la ciudad más grande de toda América Latina y una de las más grandes del mundo. Según algunas estadísticas, es la segunda ciudad más populosa después de Tokio. México D.F. atrae a miles de inmigrantes y turistas por ser el centro cultural, político y económico del país.

El estadio Azteca en México D.F.

México D.F. fue construida sobre la antigua Tenochtitlán, capital del imperio azteca, la cual fue fundada en 1325 sobre una isla. En 1521, los conquistadores españoles, al mando de Hernán Cortés, destruyeron esa majestuosa ciudad y fundaron lo que hoy es la moderna capital del país.

En el centro de la ciudad está la llamada Plaza de la Constitución, conocida popularmente como El Zócalo. Durante el período azteca, El Zócalo era el corazón de la ciudad, y hoy día aún sigue siéndolo. Alrededor de El Zócalo, se encuentran la Catedral Metropolitana y el Palacio Nacional, actual sede del gobierno mexicano. Es aquí donde tienen lugar las mayores celebraciones nacionales y los desfiles militares importantes. El centro histórico de la ciudad, ubicado en los alrededores de El Zócalo, es un microcosmo de arte, monumentos, tiendas y magníficos restaurantes, bares y cantinas. Los aficionados al fútbol se congregan (*gather*) en el estadio Azteca. Éste es el único estadio donde se jugaron dos finales de la Copa Mundial de fútbol: en 1970 y en 1986.

2   **Después de leer** Contesta estas preguntas con oraciones completas.

1. ¿Por qué se dice que México D.F. es una megametrópoli?

_____

2. ¿Por qué México D.F. atrae a tantos inmigrantes y turistas?

_____

3. ¿Sobre qué antigua ciudad fue construida la Ciudad de México?

_____

4. ¿Qué lugar es considerado el corazón de la Ciudad de México?

_____

5. ¿Cuál es la sede del gobierno mexicano en la actualidad?

_____

6. ¿Qué se puede ver en el centro histórico de México D.F.?

_____

COMPOSICIÓN

PREPARACIÓN

Imagina que tienes un(a) nuevo/a amigo/a que vive en la Ciudad de México. Describe tu personalidad y la personalidad de tu amigo/a.

Mi personalidad	La personalidad de mi amigo/a
_____	_____
_____	_____
_____	_____

Ahora, busca información en la lectura anterior, *México D.F., una megametrópoli,* en los apuntes culturales del libro de texto y en sitios web en Internet. Luego, escribe una lista de los lugares (*places*) que a ti y a tu amigo/a les gustaría visitar según la personalidad de cada uno.

Lugares que quiero visitar yo

_____

_____

_____

Lugares que quiere visitar mi amigo/a

_____

_____

_____

COMPOSICIÓN

Vas a viajar a México D.F. en una semana para visitar a tu amigo/a. Usa la información de la actividad anterior para escribir un programa de actividades con los lugares que van a visitar y las actividades que van a hacer allí durante una semana.

El lunes mi amigo/a y yo vamos a buscar un hotel cerca de El Zócalo y vamos a descansar. Mi amigo/a es

_____ y él/ella prefiere _____
(adjetivo)

_____

_____

_____

_____

_____

_____

_____

_____

_____

CONTEXTOS

Lección 2
Las diversiones

1 **Palabras relacionadas** Indica la palabra que no pertenece al grupo.

1. celebrar   brindar   festejar   aburrirse
2. equipo   torneo   discoteca   entrenador
3. cantante   árbitro   concierto   grupo musical
4. estreno   escenario   taquilla   boliche

2 **Mis pasatiempos favoritos** Empareja las palabras de las dos columnas. Después escribe oraciones lógicas sobre tus pasatiempos favoritos usando al menos seis palabras de la lista.

_____ 1. cine	a. obra de teatro
_____ 2. ajedrez	b. empate
_____ 3. goles	c. juego de mesa
_____ 4. escenario	d. entrenador
_____ 5. equipo	e. álbum
_____ 6. conjunto musical	f. película

1. _____
2. _____
3. _____
4. _____
5. _____
6. _____

3 **La entrega de premios** Fabiola y Mariela van a la ceremonia de entrega de los Premios Ariel. Completa la conversación con las palabras de la lista.

actores	asiento	conseguir	entradas	hacer cola
aplaudir	boletos	divertir	escenario	taquilla

MARIELA Mira cuánta gente hay en la 1) _____ .

FABIOLA ¡Qué suerte! Nosotras no tenemos que 2) _____ . Ya tenemos las 3) _____ .

MARIELA Fabiola, estamos muy cerca del 4) _____ . ¿Cuál es tu 5) _____ ?

FABIOLA Yo tengo el catorce.

MARIELA Vamos a ver a todos los 6) _____ . ¡Nos vamos a 7) _____ !

FABIOLA ¡Ay, sí! Me van a doler las manos de tanto 8) _____ .

MARIELA Gracias por 9) _____ los 10) _____ .

4 **¿Qué hacemos?** Escribe sugerencias sobre qué se puede hacer para divertirse en cada una de estas situaciones.

> **modelo**
> Es el mediodía. Juan terminó el examen y tiene la tarde libre.
> *Juan puede divertirse y disfrutar de la tarde sin estudiar.*

1. Es viernes por la noche, tú y tus amigos no tienen mucha energía. _____

_____

2. Es sábado por la mañana y es un día de sol. Marcos se pasó la semana estudiando. _____

_____

3. Es sábado por la noche. ¡No tengo planes! _____

_____

4. Es domingo por la tarde y llueve muchísimo. Mara y Laura querían salir a comer. _____

_____

5 **Fin de semana de lluvia**

Parte A Haz una lista de tus actividades favoritas para el fin de semana en orden de preferencia.

1. _____   4. _____   7. _____

2. _____   5. _____   8. _____

3. _____   6. _____   9. _____

Parte B El pronóstico para el fin de semana dice que va a llover. ¿Puedes hacer todas las actividades de la Parte A? ¿Por qué? Escribe un párrafo sobre lo que haces y no haces un fin de semana de lluvia.

En un fin de semana lluvioso, yo _____

_____

_____

_____

_____

_____

_____

_____

_____

_____

_____

_____

14 **Lección 2** Workbook

ESTRUCTURA

2.1 Object pronouns

1 **¿Para qué sirve?** Escribe al menos tres cosas que haces con esto. Usa pronombres de complemento directo.

1. una película: _la alquilo, la veo, la compro, la disfruto..._ _____

2. un videojuego: _____

3. una entrada: _____

4. los discos compactos: _____

5. el partido de fútbol: _____

2 **¿A qué se refieren?** Lee los textos escritos por periodistas e indica a qué o a quién se refiere cada pronombre subrayado.

> **GOL** Durante el primer tiempo, el partido fue muy aburrido. Pero en el segundo tiempo, el San Martín <u>lo</u> animó y <u>le</u> ganó al Santiago 3 a 1. Dos fanáticos comentaron:
> (1)   (2)
> "No <u>nos</u> llamó la atención. El San Martín siempre <u>nos</u> da el premio de la victoria."
> (3)   (4)

1. _____   3. _____

2. _____   4. _____

> **TELEVISIÓN** La cadena GBJ va a retransmitir esta noche el controvertido video musical del grupo Niquis. El director de la cadena, Alberto Anaya, <u>nos</u> envió un fax a los
> (5)
> periodistas para informar<u>nos</u> de su decisión. El video muestra al cantante del grupo
> (6)
> protestando contra la guerra. La Asociación de Televidentes acepta que <u>lo</u> muestren con
> (7)
> una condición: que el Señor Anaya no <u>lo</u> transmita en horario infantil.
> (8)

5. _____   7. _____

6. _____   8. _____

3 **En la radio** Un locutor de radio está entrevistando a un director de cine. Completa la entrevista con los pronombres adecuados.

LOCUTOR Es un gusto para 1) _____ tenerte otra vez en mi programa. Se te ve muy contento.

DIRECTOR Sí, 2) _____ estoy. Este premio es muy importante para 3) _____.

LOCUTOR ¿A quién 4) _____ dedicas el premio?

DIRECTOR A mi esposa, claro. Ella 5) _____ apoya siempre. 6) _____ ayuda en los momentos malos y 7) _____ acompaña siempre en mis viajes.

LOCUTOR ¿Cuáles son tus proyectos ahora?

DIRECTOR Siempre 8) _____ gusta tomarme un recreo después de cada película. A mi esposa y a 9) _____ siempre 10) _____ gusta tomarnos unas vacaciones.

Lección 2 Workbook   **15**

4 **Consejos** Una actriz sin mucha experiencia recibe consejos de su agente. El agente repite todos los consejos para que la actriz no se olvide. Completa las oraciones reemplazando las palabras subrayadas con los pronombres adecuados.

1. Saluda <u>a los espectadores</u>.

   Recuerda: _____

2. No puedes olvidar <u>las cámaras</u>.

   Recuerda: _____

3. No muevas tanto <u>la boca</u> al hablar.

   Recuerda: _____

4. Evita los <u>gestos exagerados con la cara y las manos</u>.

   Recuerda: _____

5. Deja <u>las escenas de riesgo</u> para tu doble.

   Recuerda: _____

6. Debes escuchar <u>al director</u>.

   Recuerda: _____

7. Estudia bien <u>el guión de tu personaje</u>.

   Recuerda: _____

8. Debes tratar <u>a los otros actores</u> con amabilidad.

   Recuerda: _____

5 **Entrevista** Completa la entrevista que un periodista le hace a un actor famoso. El actor contradice todo lo que dice el periodista. Usa los pronombres adecuados en las respuestas del actor.

> **modelo**
>
> **PERIODISTA** Mi colega dijo que el público odia su nueva película.
>
> **ACTOR** *No, no la odia.*

1. **PERIODISTA** Un colega periodista los vio a usted y a su amiga, Laura Luna, cenando en un restaurante. ¿Es verdad? ¿Los vio?

   ACTOR _____

2. **PERIODISTA** También me contó que te pidió un autógrafo.

   ACTOR _____

3. **PERIODISTA** Él me dijo que... no pagaste la cena de tu amiga.

   ACTOR _____

4. **PERIODISTA** Y también me dijo que no les diste propina (*tip*) a los camareros.

   ACTOR _____

5. **PERIODISTA** Él me dijo que le diste un beso a tu amiga.

   ACTOR _____

6 **Conciertos** Imagina que eres el/la nuevo/a secretario/a de cultura de tu ciudad. Contesta las preguntas de un periodista sobre eventos musicales en tu ciudad. Usa pronombres de complemento directo. Palabras útiles: **la taquilla, el público, el representante artístico, el organizador de la feria.**

1. ¿Quién elige a los grupos musicales? _____

2. ¿Quién contrata a los artistas? _____

3. ¿Quién negocia el contrato de los músicos? _____

4. ¿Dónde puedo comprar las entradas para un concierto? _____

2.2 *Gustar* and similar verbs

1 **¡Opiniones diferentes!** Éric y Diana están en un concierto, pero cada uno de ellos tiene opiniones muy diferentes sobre la banda. Completa su conversación con la forma correcta de los verbos de la lista y los pronombres adecuados. En algunos casos, más de una respuesta es posible. No repitas los verbos.

aburrir	doler	fascinar	interesar
disgustar	encantar	gustar	molestar

ÉRIC ¡Cómo me estoy divirtiendo! 1) _____ este grupo musical.

DIANA Pues a mí 2) _____ y 3) _____

la música tan alta (*loud*), además 4) _____ la cabeza.

ÉRIC A ti siempre 5) _____ todo lo que a mí

6) _____.

DIANA La próxima vez vamos a ver una película; yo sé que 7) _____

el cine. Podemos invitar a Johnny.

ÉRIC Sí, a Johnny y a mí 8) _____ todas las películas,

especialmente los grandes estrenos.

2 **De turismo** Un periodista de la revista *Facetas* entrevista a un grupo de turistas que están visitando la Ciudad de México. Escribe las preguntas del periodista.

1. (aburrir / la ciudad / a ti) ¿_____?
2. (gustar / los edificios / a ti) ¿_____?
3. (caer bien / la gente / a ustedes) ¿_____?
4. (preocupar / la calidad de los restaurantes / a usted) ¿_____?
5. (interesar / el arte / a ustedes) ¿_____?
6. (faltar / lugares de entretenimiento / a la ciudad) ¿_____?

3 **Las respuestas de los turistas** Completa las respuestas de algunos turistas a las preguntas de la actividad anterior.

1. Raúl: "¡No! ¡Al contrario! Es grande, bella y divertida. No ___*me aburre*___ ni un poquito".
2. Eugenia: "Son hermosos. El estilo modernista _____ especialmente".
3. Esteban y Mariela: "_____ muy bien. Nos tratan maravillosamente en todos lados. La gente aquí es muy cálida".
4. Pepe: "Sí, _____ un poco, porque quiero comer bien. Aunque hasta ahora, son excelentes".
5. Mariano y Lisa: "Sí, _____ mucho. Vamos a visitar todos los museos de la ciudad".
6. Roberto: "Es lo que menos _____ a la ciudad. Hay muchos lugares divertidos".

Workbook

4 **Preferencias** Escribe oraciones lógicas usando en cada una un elemento de cada columna.

mis amigos	fascinar	jugar al fútbol
yo	molestar	hacer cola
tu entrenador	aburrir	ganar partidos
los espectadores	gustar	los conciertos
los jugadores	encantar	vender discos
el cantante	importar	el ajedrez
los músicos	disgustar	los pasatiempos
el árbitro	preocupar	perder
el equipo	interesar	ganar
los deportistas	faltar	los espectáculos

1. A mis amigos les molesta hacer cola. _____

2. _____

3. _____

4. _____

5. _____

6. _____

7. _____

8. _____

9. _____

10. _____

5 **Tus gustos** ¿Qué pasatiempos y actividades te gustan? ¿Por qué? Escribe un párrafo de por lo menos seis oraciones expresando tu opinión. Usa **gustar** y otros verbos similares y el vocabulario de la lección.

_____

_____

_____

_____

_____

_____

_____

_____

_____

_____

2.3 Reflexive verbs

1

La rutina de Mariela Ordena las oraciones de una manera lógica.

_____ a. **Después del desayuno, se lava** los dientes y **se peina.**

_____ b. Sin embargo, nunca **se levanta** hasta las 7:30.

_____ c. **Por último,** se pone la chaqueta y sale para la oficina.

_____ d. Después de **ducharse, se viste.**

_____ e. Mariela **se despierta** a las 7:00 de la mañana cuando suena su despertador.

_____ f. Después de **vestirse,** desayuna.

_____ g. Lo primero que hace después de levantarse es ducharse.

_____ h. Mariela **se maquilla** después de **peinarse.**

2

¿Voy o me voy? Completa las oraciones con la forma adecuada del verbo que está entre paréntesis.

1. Ana y Juan _____acuerdan_____ (acordar) no pelear más.

2. Ana y Juan _____se acuerdan_____ (acordar) de su primera cita.

3. Carmen _____ (ir) temprano de la fiesta.

4. Carmen _____ (ir) a la fiesta muy mal vestida.

5. Martín y Silvia _____ (llevar) muy bien.

6. Martín y Silvia _____ (llevar) a los niños a un picnic.

7. Sebastián _____ (poner) la camisa sobre la cama.

8. Sebastián _____ (poner) la camisa roja.

9. Manuel _____ (reunir) el material que necesita para terminar el proyecto.

10. Manuel _____ (reunir) con sus amigos para terminar el proyecto.

3

Un día importante Valentina se casa mañana con Juan y necesita prepararse para la ceremonia. Valentina repasa los preparativos con sus damas de honor (*bridesmaids*). Completa sus planes con los verbos de la lista. Usa el presente o el infinitivo según corresponda.

ducharse	levantarse	ponerse	relajarse
enterarse	maquillarse	preocuparse	vestirse

¡A ver, chicas! Éstos son los planes para mañana. Presten atención porque no quiero 1) _____ mañana. Quiero estar preparada tres horas antes de la ceremonia. Éste es el plan: Todas 2) _____ temprano, a las siete de la mañana. Yo necesito unos veinte minutos para 3) _____. Luego, 4) _____ un rato mientras espero a la peluquera (*hairdresser*). Después, 5) _____; el vestido es tan bonito... ¡Qué nervios! Luego 6) _____ yo sola porque no me gusta que nadie me toque la cara. Seguramente Juan también va a 7) _____ muy nervioso, como yo. Pero seguro que los invitados no van a 8) _____ de lo nerviosos que estamos.

4 **¿Una pelea?** Faltan pocos días para la boda de Valentina y Juan. Los dos están nerviosos y empiezan a discutir. Completa su conversación con el presente de los verbos de la lista.

aburrirse	arrepentirse	despedirse	olvidarse	preocuparse	sorprenderse
acordarse	atreverse	irse	parecerse	quejarse	verse

VALENTINA ¿No 1) _____ de estar mirando televisión todo el día? ¿Qué tal si salimos a elegir los muebles para la sala? ¡Recuerda que mis padres nos quieren regalar muebles nuevos!

JUAN No tengo ganas. Ahora que tengo unos días libres, quiero relajarme un poco. Tú 2) _____ demasiado por todo. Ya habrá tiempo para los muebles después de nuestra luna de miel (*honeymoon*).

VALENTINA ¿Pero no 3) _____ del sofá que vimos la semana pasada? Creo que es perfecto y además no es caro. Y así nosotros 4) _____ un poco de los preparativos para la boda y los nervios y...

JUAN Estoy bien aquí.

VALENTINA Sabes, 5) _____ a tu padre cuando está mirando partidos de fútbol en televisión. No hay quien te mueva. ¡Eres imposible!

JUAN ¡Así que ahora 6) _____ de que soy como mi padre porque por una vez quiero estar tranquilo!

VALENTINA ¡Ah, y encima 7) _____ a sugerir que soy yo quien está creando un problema!

JUAN Mira, Valentina. No 8) _____ de querer pasar una tarde sin hacer nada en particular. Me parece que mejor 9) _____ a mi casa para no seguir discutiendo, y a las siete (nosotros) 10) _____ en casa de mi hermano para cenar, ¿de acuerdo?

VALENTINA ¡Ah, pensé que ibas a preferir mirar televisión en lugar de cenar con tu hermano!

5 **Corre la voz** Valentina, muy disgustada, te cuenta lo que pasó con Juan. Y tú se lo cuentas a un(a) amigo/a. Escribe un correo electrónico explicándole todo a tu amigo/a. Cuenta la historia en el presente.

Acabo de hablar con Valentina. La pobre está muy enojada con Juan. Le pregunta a Juan si se aburre viendo la tele y él le dice _____

_____

_____

_____

_____

MANUAL DE GRAMÁTICA

2.4 Demonstrative adjectives and pronouns

1   **Completar** Completa la conversación entre Fabiola y Aguayo con las palabras de la lista.

esa	esto	ésta	eso	esos	ésta	esto

FABIOLA   ¿Qué es 1) _____ que tienes en la mano?

AGUAYO   2) _____ es una entrada para ver a tu grupo de rock favorito.

FABIOLA   3) _____ entrada no puede ser para el concierto de Maná.

               4) _____ boletos ya están vendidos (*sold out*) hace meses.

AGUAYO   Quizá no te lo creas, pero 5) _____ es tu entrada y

               6) _____ es la mía.

FABIOLA   ¡7) _____ es lo mejor que me ha pasado en la vida, gracias!

2   **Oraciones** Escribe oraciones lógicas usando estos elementos.

1. aquélla/discoteca: *Aquélla es la discoteca donde va a actuar el grupo musical.* _____

2. este/disco compacto: _____

3. éste/cantante: _____

4. ese/grupo musical: _____

5. aquel/festival: _____

6. estas/espectadoras: _____

7. aquellas/entradas: _____

8. esas/taquillas: _____

3   **Concierto** Aguayo tiene una entrada extra para el concierto de Maná y decide invitar a uno de sus empleados. Escribe una conversación entre ellos usando al menos tres oraciones de la **actividad 2**.

_____

_____

_____

_____

_____

_____

_____

_____

     Lección 2 Workbook   **21**

Workbook

2.5 Possessive adjectives and pronouns

1 **¿De quién es?** Escribe preguntas y contéstalas usando el pronombre posesivo que corresponde a la(s) persona(s) indicada(s).

1. el ajedrez/Éric _¿De quién es este ajedrez? Este ajedrez es suyo._ _____

2. el billar/Mariela y Fabiola _____

3. el disco compacto/yo _____

4. las cartas/tú _____

5. la televisión/Johnny _____

6. los videojuegos/nosotros _____

2 **El mío es mejor** Guillermo y Emilio son dos amigos muy competitivos. Completa su conversación con los posesivos de la lista.

el mío	mi	mis
el nuestro	mi	nuestro
el tuyo	mi	los míos

GUILLERMO 1) _____ equipo de fútbol es muy bueno.

EMILIO 2) _____ es mejor que 3) _____.

GUILLERMO 4) _____ jugadores siempre marcan goles.

EMILIO 5) _____ también y entretienen a los espectadores.

GUILLERMO El entrenador de 6) _____ equipo es muy profesional.

EMILIO Mi hermano y yo creemos que 7) _____ club deportivo es más popular.

GUILLERMO No es verdad. 8) _____ club deportivo tiene más miembros.

EMILIO Es mentira. 9) _____ siempre está presente en todos los torneos.

3 **Completar** Completa el párrafo con los posesivos apropiados.

Me llamo Andrés y vivo en el circo. 1) _____ (mi, tu, su) familia y yo practicamos

2) _____ (vuestro, mis, nuestro) espectáculo antes de cada función.

3) _____ (nuestra, nuestro, nuestros) espectadores siempre hacen largas colas

en la taquilla para comprar 4) _____ (su, sus, vuestras) boletos. Si no sabes

qué hacer con 5) _____ (mi, tu, su) tiempo libre, debes venir a 6) _____

(nuestro, vuestro, su) circo.

LECTURA

1 **Antes de leer** ¿Qué tipo de música te gusta escuchar?

_____

_____

La música latina

En los últimos años, la música latina se ha convertido en un verdadero fenómeno de masas. Son muchos los artistas hispanos que han conseguido un extraordinario éxito en el mercado internacional: Shakira, Alejandra Guzmán, Enrique Iglesias, Ricky Martin y el grupo La Ley, entre otros.

¿Por qué la música latina le gusta tanto al público estadounidense? Lo que está claro es que lo latino está de moda. ¿Quieres saber algo más sobre algunos de estos artistas?

El célebre guitarrista mexicano Carlos Santana triunfó en el festival de Woodstock de 1969 con su estilo original, una fusión de rock y ritmos afrocubanos. Ha obtenido numerosos premios y, en 1998, recibió su estrella en el Camino de la Fama en Hollywood. Su álbum *Supernatural* recibió ocho premios Grammy en el año 2000.

La joven colombiana Shakira saltó a la fama mundial con el disco *Pies descalzos*. A los 14 años grabó su primer álbum. En 1998 recibió el premio a la mejor artista latina. Su inconfundible voz, su estilo fresco y su vitalidad la han convertido en una estrella internacional.

El grupo mexicano Maná está considerado como la mejor banda de rock latino. Su álbum *Falta Amor* recibió diez discos de oro, cinco de platino, dos de doble platino y uno de triple platino en 1990. Preocupado por los problemas del planeta, este grupo fundó la organización ecológica Selva Negra.

2 **Después de leer**

A ¿Cierto o falso? Indica si las siguientes oraciones son ciertas o falsas y corrige las falsas.

Cierto Falso

❑ ❑ 1. La música latina tiene éxito en los EE.UU. porque lo latino está de moda.

❑ ❑ 2. Carlos Santana es de Colombia.

❑ ❑ 3. El álbum *Supernatural* de Santana consiguió diez premios Grammy.

❑ ❑ 4. Shakira recibió el premio a la mejor artista latina en 1998.

❑ ❑ 5. Maná recibió numerosos premios con su disco *Selva Negra*.

B Responder Contesta estas preguntas con oraciones completas.

1. ¿Dónde triunfó Santana por primera vez en los EE.UU.?

_____

2. ¿Qué características han convertido a Shakira en una artista internacional?

_____

3. ¿Qué le preocupa al grupo Maná, además de su carrera musical?

_____

Workbook

COMPOSICIÓN

El próximo fin de semana se va a celebrar en tu comunidad el *Festival Cultural Mexicano*. Imagina que tú tienes que escribir un artículo en el periódico para anunciar el festival.

PREPARACIÓN

Escribe una lista de seis artistas latinos —actores, directores de cine, cantantes, etc.— que van a estar presentes en el festival. Luego, piensa en los eventos y actividades culturales en los que cada uno de ellos va a participar y/o presentar. Puedes buscar información en la lectura *La música latina* y en las lecturas de tu libro de texto (ver sección Enfoques).

Los artistas	Los eventos y las actividades

COMPOSICIÓN

Escribe un artículo anunciando el *Festival Cultural Mexicano*.

- Describe el evento nombrando las celebridades (*celebrities*) que asistirán, y concéntrate (*focus*) en uno o dos artistas como en la lectura *La música latina*.

- Incluye una cita (*quote*) de los artistas elegidos o una minientrevista para que tu artículo sea más interesante. ¡Sé creativo/a!

- Termina tu artículo dando información sobre la hora y el lugar, y dónde se consiguen las entradas. También incluye un número de teléfono y un sitio de Internet.

_____

_____

_____

_____

_____

_____

_____

_____

_____

_____

_____

CONTEXTOS

1 **Costumbres del mundo hispano** Elige la opción apropiada para completar cada oración.

1. Muchos dicen que llegar tarde es una costumbre del mundo hispano. A los millones de hispanos que llegan _____ a eventos y reuniones les molesta este estereotipo.

   a. a tiempo   b. a veces   c. a menudo

2. En Argentina, es costumbre cambiarse antes de salir con amigos, o ir a la iglesia, un restaurante o cualquier evento social. Las mujeres son muy coquetas y _____ se las ve desarregladas.

   a. de repente   b. casi nunca   c. a propósito

3. En España, es muy común que los amigos se visiten sin avisar (*without notice*). Al llegar a la casa, la persona solamente debe _____.

   a. quitar la puerta   b. tocar la bocina   c. tocar el timbre

4. En el Perú, la mayoría de las compras se hacen con _____ o tarjeta de crédito. En muy pocos casos se hacen compras a través de Internet.

   a. débito   b. dinero en efectivo   c. reembolso

5. En países como España, a veces es difícil _____ a la hora del almuerzo porque muchas tiendas y oficinas cierran tres o cuatro horas.

   a. tocar el timbre   b. hablar por teléfono   c. hacer mandados

6. En Nicaragua, los vendedores ambulantes _____ por las calles anunciando la venta de pan, leche y frutas.

   a. lavan   b. pasan   c. calientan

2 **Palabras relacionadas** Empareja las palabras de la primera columna con las palabras relacionadas de la segunda columna. Luego escribe cuatro oraciones usando al menos seis palabras de la lista.

_____ 1. quitar el polvo   a. tarjeta de crédito
_____ 2. ir de compras   b. centro comercial
_____ 3. probarse   c. barato
_____ 4. ganga   d. probador
_____ 5. devolver   e. muebles
_____ 6. dinero en efectivo   f. reembolso

1. _____

2. _____

3. _____

4. _____

3 **Tu vida diaria** Contesta las preguntas con oraciones completas.

1. ¿Vas de compras al centro comercial? ¿O prefieres ir a tiendas locales más pequeñas? ¿Por qué?

   _____

2. ¿Quién hace los quehaceres en tu casa? ¿Tú ayudas? ¿Con qué frecuencia?

   _____

3. Menciona tres cosas que haces por la mañana y tres cosas que haces por la tarde.

   _____

4 **De compras**

A. Diana salió de compras con su hija mayor. Ordena las oraciones de una manera lógica.

_____ a. Diana decidió comprarle el vestido más bonito, que era también el más caro.

_____ b. Al salir del trabajo, recogió a su hija en la escuela y se fue con ella al centro comercial.

_____ c. Hoy Diana se levantó muy temprano.

_____ d. Cuando llegaron al centro comercial, Diana y su hija se fueron directo a la sección de vestidos.

_____ e. Finalmente, Diana y su hija se fueron del centro comercial contentas de haber encontrado el vestido perfecto para la fiesta.

_____ f. Llegó al trabajo una hora y media antes de lo habitual.

_____ g. Su hija se probó allí varios vestidos para la fiesta de fin de año de la escuela.

_____ h. Diana pagó con tarjeta de crédito en tres cuotas.

B. Imagina que eres la hija de Diana. Escribe en tu diario cómo es habitualmente la experiencia de ir de compras con tu mamá.

| a menudo | casi nunca | en el acto |
| a veces | de vez en cuando | por casualidad |

Cuando voy de compras con mi mamá, casi nunca…

_____

_____

_____

_____

_____

5 **¿Qué prefieres?** Enumera las actividades por orden de preferencia. Después, escribe lo que vas a hacer este fin de semana usando por lo menos cinco palabras o frases de la lista.

_____ ir de compras al centro comercial	_____ hacer mandados
_____ mirar televisión	_____ arreglarse para salir
_____ barrer	_____ jugar videojuegos
_____ cocinar	_____ quitar el polvo

_____

•_____

_____

_____

_____

_____

_____

_____

ESTRUCTURA

3.1 The preterite

1

¿Qué hicieron el fin de semana? Juan, Marcos y Lucía son compañeros de trabajo. Los lunes por la mañana, se cuentan lo que hicieron el fin de semana. Escribe lo que dijo cada uno.

Juan...

1. traducir / artículo _____
2. leer / periódico _____
3. ir / supermercado _____

Marcos...

4. hacer / mandados _____
5. dormir / siesta _____
6. lavar / ropa _____

Lucía...

7. escuchar / radio _____
8. ir / centro comercial _____
9. hacer / quehaceres _____

2

Una fiesta en *Facetas* Mariela está organizando una fiesta, y Diana y Fabiola la están ayudando. Mariela llega a la oficina y les pregunta si han hecho los mandados. Completa sus preguntas usando la forma correcta del pretérito de los verbos entre paréntesis.

1. ¿ _____ (subir) ustedes las bebidas?
2. Diana, ¿y tú?, ¿ _____ (poner) la comida en el refrigerador?
3. Y tú, Fabiola, ¿ _____ (tener) tiempo para buscar los discos compactos?
4. Diana y Fabiola, ¿les _____ (dar) la dirección a los invitados?
5. Diana, ¿ _____ (hacer) las compras en el supermercado?
6. Ustedes, ¿ _____ (empezar) a limpiar la oficina?

3

Ser o ir Indica qué verbo se utiliza en cada oración.

	ser	ir
1. Ayer hizo mucho calor. <u>Fui</u> a la piscina para refrescarme y tomar sol.	❏	❏
2. La semana pasada me visitó Mario. Él <u>fue</u> mi primer novio.	❏	❏
3. El año pasado <u>fue</u> muy difícil para mí. Tuve que trabajar y estudiar al mismo tiempo.	❏	❏
4. Esta semana <u>fui</u> dos veces a visitar a mis abuelos en Sevilla, en el sur de España.	❏	❏
5. El cumpleaños de Hernán <u>fue</u> muy aburrido. Para empezar, había pocos invitados, y, justo cuando queríamos bailar, ¡el reproductor de MP3 se rompió!	❏	❏

Workbook

4 **¿Qué pasó?** Diana no pudo ir a la fiesta de Mariela. Completa la conversación telefónica con la forma correcta del pretérito de los verbos de la lista.

decir	llamar	perder	preguntar	tener
hacer	olvidar	poder	ser	venir

MARIELA Ayer tú no 1) _____ a la fiesta. Todos los invitados
2) _____ por ti.

DIANA Uy, lo siento, pero mi día 3) _____ terrible. Yo
4) _____ mi cartera con el documento de identidad y las tarjetas de
crédito. Y Javier y yo 5) _____ que ir a la comisaría (*police department*).

MARIELA ¿De verdad? Lo siento. ¿Por qué ustedes no me 6) _____ por teléfono?

DIANA Nosotros no 7) _____ llamar a nadie. Yo 8) _____ mi
teléfono celular en la casa.

MARIELA ¿Y qué te 9) _____ la policía?

DIANA Nada. Ellos me 10) _____ esperar horas allí y al final me dijeron que
tenía que volver al día siguiente...

5 **Cuéntalo** Imagina que eres Mariela. Escríbele una carta a una amiga contándole por qué Diana no
pudo ir a tu fiesta. Usa el pretérito.

La fiesta fue muy divertida, pero Diana no pudo venir...

_____

_____

_____

_____

_____

_____

6 **Historias** Piensa en alguna historia similar a la de Diana y describe qué pasó, a quién le pasó,
cuándo ocurrió, etc. Utiliza el pretérito. Escribe por lo menos cinco oraciones.

_____

_____

_____

_____

_____

3.2 The imperfect

1

Tomás de vacaciones Tomás llegó hace poco a Madrid de vacaciones y fue a un centro comercial. Luego llamó a su familia por teléfono para contarle todo lo que vio. Completa las oraciones con la forma correcta del imperfecto de los verbos entre paréntesis.

Fui al Corte Inglés, un centro comercial que 1) _____ (quedar) un poco lejos de mi hotel. 2) _____ (haber) mucho tráfico y yo no 3) _____ (querer) tomar un taxi. Fui a la parada, pero el autobús no 4) _____ (venir), así que fui dando un paseo por La Castellana. Al llegar, vi a muchas personas que 5) _____ (estar) comprando ropa. 6) _____ (haber) muchísimos negocios. Todo el mundo me 7) _____ (saludar) muy amablemente. 8) _____ (haber) comprar nada, pero al final compré unos cuantos regalos. (Yo) 9) _____ (ver) restaurantes de todo tipo. Los camareros (*waiters*) 10) _____ (ser) muy amables. Al final, fui a comer a un restaurante de tapas buenísimo.

2

Diferencias culturales Dos semanas después de su llegada a España, Tomás llamó nuevamente a su familia. Completa las oraciones según el modelo.

> **modelo**
> Yo pensaba que *en España hacía siempre calor,* pero hay días en que hace frío.

1. Yo creía que _____, pero muchos españoles hablan inglés.

2. Yo pensaba que _____, pero todavía hay oficinas y tiendas que cierran tres horas para el almuerzo y la siesta.

3. Antes creía que _____, pero, en verdad, en algunas regiones también se hablan otros idiomas.

4. Antes pensaba que _____, pero ahora adoro la comida española.

5. Creía que _____, pero es más grande que mi ciudad.

3

Recuerdos Margarita habla de su vida. Completa las oraciones con la forma correcta del imperfecto de los verbos entre paréntesis.

Cuando era niña 1) _____ (vivir) con mis padres y mis hermanos. Yo soy la mayor. Mi madre empezó a trabajar cuando yo 2) _____ (tener) doce años, así que yo 3) _____ (cuidar) a mis hermanos menores. Todas las mañanas, los 4) _____ (despertar) y les 5) _____ (hacer) el desayuno. Después, mis hermanos y yo 6) _____ (ir) a la escuela. Cuando nosotros 7) _____ (volver) de la escuela, yo 8) _____ (hacer) la tarea.

Yo 9) _____ (saber) que no 10) _____ (poder) ir a la escuela que yo 11) _____ (querer) porque estaba muy lejos, y el autobús no pasaba por mi casa. Así que fui a la que 12) _____ (estar) cerca de casa y allí conocí a quienes hoy son mis mejores amigos.

4   **De niños** Muchas personas terminan eligiendo profesiones que están relacionadas con talentos y preferencias que tenían cuando eran niños. Usa los verbos entre paréntesis para completar las oraciones contando lo que hacían estas personas cuando eran pequeñas. Sigue el modelo.

> **modelo**
> Héctor es arquitecto. De niño (construir) *construía casas de barro* (mud) *en el patio de su casa.*

1. Marcela es maestra. De niña (enseñar) _____.

2. Gustavo es filósofo. De niño (preguntar) _____.

3. Daniel es contador (*accountant*). De niño le (gustar) _____.

4. Miguel es músico. De niño (cantar) _____.

5. Yo soy bailarina. De niña (bailar) _____.

6. Isabel y Teresa son escritoras. De niñas (leer) _____.

7. Pablo y yo somos policías. De niños (jugar) _____.

5   **Tu infancia** Contesta estas preguntas sobre tu infancia con oraciones completas.

1. ¿Con quién vivías cuando eras niño/a?

   _____

2. ¿Cuántos/as amigos/as tenías?

   _____

3. ¿Qué juegos preferías?

   _____

4. ¿Qué libros te gustaba leer?

   _____

5. ¿Qué programas veías en la televisión?

   _____

6. ¿Cómo era tu personalidad?

   _____

6   **Otras generaciones** Busca a una persona mayor que tú —puede ser tu madre, tu padre, tu abuelo/a o algún profesor— y hazle una entrevista sobre su infancia. Puedes usar como guía la actividad anterior. Escribe al menos cinco preguntas y las respuestas de la persona que entrevistaste.

_____

_____

_____

_____

_____

_____

30   **Lección 3** Workbook

3.3 The preterite vs. the imperfect

1

Todo en orden Don Miguel está enfermo. Después de pasar tres días en cama, decidió pasar por la oficina de *Facetas*. No sabía que lo esperaba una sorpresa. Completa el texto con la forma apropiada del verbo entre paréntesis.

Después de pasar tres días en cama, don Miguel 1) _____ (levantarse) para ir un rato a la oficina de *Facetas*. 2) _____ (querer) limpiar un poquito y prepararles el café a los muchachos, pero cuando 3) _____ (llegar), 4) _____ (encontrarse) con una sorpresa. Mariela 5) _____ (pasar) la aspiradora por las alfombras. Johnny le 6) _____ (quitar) el polvo a los escritorios con un plumero. Éric 7) _____ (limpiar) las computadoras. Diana 8) _____ (servir) el café. Fabiola 9) _____ (hacer) la limpieza del baño. Y Aguayo 10) _____ (ocuparse) de su oficina. Todos 11) _____ (sorprenderse) cuando 12) _____ (ver) a don Miguel. Rápidamente lo 13) _____ (enviar) de nuevo a la cama. En la oficina, todo 14) _____ (estar) en orden.

2

Quehaceres cotidianos El señor Gómez se jubiló el año pasado y su rutina cambió mucho. Cuando trabajaba en un banco, realizaba diariamente las mismas tareas y en el mismo orden. Completa el párrafo con las palabras de la lista.

antes	luego	primero
después de	mientras	siempre

El señor Gómez 1) _____ se levantaba a las seis de la mañana. Vivía cerca de la oficina, pero le gustaba llegar temprano. 2) _____ de salir de su casa, tomaba un desayuno bien completo: café con leche, tostadas, queso y fruta. Ya en la oficina, 3) _____ se reunía con su secretaria para repasar (*go over*) la agenda del día. 4) _____ repasar la agenda, se tomaba un café 5) _____ leía las noticias del día. 6) _____ el señor Gómez recibía a los clientes que querían hablar con él.

3

La vida diaria de alguien famoso Imagina la vida de una persona famosa. Luego completa estas oraciones con información sobre esta persona usando el pretérito o el imperfecto.

1. Anoche _____

2. Cuando era niño/a _____

3. Durante tres horas _____

4. Esta mañana _____

5. Siempre _____

6. La semana pasada _____

Workbook

4 **Cambios** Imagina que tú vivías en el centro de la ciudad, pero el mes pasado te compraste una casa en las afueras de la ciudad. Completa las oraciones con la forma correcta del pretérito o el imperfecto de los verbos entre paréntesis.

1. (conocer)

   Antes yo no _____ a casi ninguno de mis vecinos (*neighbors*).

   Ayer _____ a todos los vecinos de mi cuadra en una fiesta que organizó una vecina.

2. (querer)

   Antes, si mis amigos y yo _____ salir tarde por la noche, lo hacíamos sin preocuparnos

   por la seguridad.

   El otro día, mis amigos no _____ venir a verme porque tenían miedo de volver de noche

   a su casa.

3. (poder)

   Hace un mes, no _____ dormir porque mi calle era ruidosa.

   Ayer, finalmente _____ dormir como un bebé.

4. (saber)

   Hace un mes, no _____ que mi vida iba a ser tan diferente.

   Hace poco yo _____ que una amiga también se había ido de la ciudad.

5 **¿Eres el/la mismo/a?** Escribe dos párrafos. En el primer párrafo describe cómo **eras** y lo que **hacías** cuando eras niño/a. En el segundo, describe los sucesos (*events*) más importantes que te ocurrieron el año pasado. Usa al menos seis verbos de la lista en pretérito o en imperfecto, según corresponda.

acostumbrarse	decidir	pasarlo bien	soler
averiguar	disfrutar	probar	tener
comprar	estar	relajarse	tomar
dar un paseo	leer	ser	vivir

Cuando era niño/a _____

_____

_____

_____

_____

El año pasado _____

_____

_____

_____

_____

MANUAL DE GRAMÁTICA

3.4 Telling time

1 **La hora** Escribe la hora que marca cada reloj usando oraciones completas.

1.   2.   3.

1. _____

2. _____

3. _____

2 **Programación** Mira la programación televisiva y contesta estas preguntas.

CANAL 7					
6:00	6:30	7:00	8:00	9:15	10:00
Trucos para la escuela Cómo causar una buena impresión con poco esfuerzo.	**Naturaleza viva** Documentales.	**Mi familia latina** Divertida comedia sobre un joven estadounidense que va a México como estudiante de intercambio.	**Historias policiales** Ladrones, crímenes, accidentes.	**Buenas y curiosas** Noticiero alternativo que presenta noticias buenas y divertidas de todo el mundo.	**Dibujos animados clásicos** Conoce los dibujos animados que miraban tus padres.

1. ¿A qué hora empieza *Trucos para la escuela?* _____

2. ¿A qué hora termina el documental *Naturaleza viva?* _____

3. ¿Cuándo empieza la comedia *Mi familia latina?* _____

4. ¿A qué hora dan *Historias policiales?* _____

5. ¿A qué hora es el *Noticiero?* _____

6. ¿Cuándo comienzan los *Dibujos animados clásicos?* _____

3 **Antes y ahora** Contesta estas preguntas sobre tus horarios cuando eras niño/a y ahora.

1. levantarse los domingos

   Cuando era niño/a _____ *me levantaba a las diez y media.* _____

   Ahora _____

2. acostarse durante la semana

   Cuando era niño/a _____

   Ahora _____

3. almorzar

   Cuando era niño/a _____

   Ahora _____

Workbook

LECTURA

1   **Antes de leer** ¿Qué costumbres relacionadas con la comida son características de tu cultura?

_____

_____

_____

Los horarios de las comidas

Los horarios del almuerzo varían de país a país. ¿Crees que puedes almorzar en España a las 12 del mediodía? Segura-mente será muy difícil comer en un restaurante a esa hora. Allí el almuerzo se sirve entre la 1 y las 3 de la tarde. En Argentina, Chile, Colombia y México, por otro lado, se almuerza generalmente entre las 12 y las 2 de la tarde.

Por lo general, se puede decir que en el mundo hispano las familias se siguen reuniendo para el almuerzo, pues éste es un buen momento para socializar. En muchos países, por ejemplo, los miembros de las familias suelen vivir cerca y se reúnen los fines de semana para almorzar.

• Aunque la costumbre de dormir una breve siesta después del almuerzo se va perdiendo debido a los cambios en los horarios de trabajo, todavía se mantiene con vigor en muchos países, especialmente en pueblos y ciudades pequeñas.

• Un hábito muy común en México consiste en desayunar un café. Aproximadamente a las 11 de la mañana se come una buena ración de tacos. A esta comida se la llama almuerzo. La comida principal es entre las 2 y las 4 de la tarde.

• El ubicuo pan se sustituye por otros alimentos en muchas regiones hispanas. En Venezuela y Colombia, por ejemplo, muchas veces se reemplaza por las arepas, mientras que en México se acompaña la comida con las tortillas.

_____

2   **Después de leer**

A Completar Completa estas oraciones con la opción adecuada.

1. En España es difícil almorzar en un restaurante a las _____.
   a. tres de la tarde   b. doce del mediodía   c. dos de la tarde

2. En Argentina normalmente se come entre las _____.
   a. tres y las cinco   b. doce y las dos   c. once y las doce

3. El almuerzo en los países latinos es un buen momento para _____.
   a. dormir la siesta   b. socializar   c. trabajar

B Responder Responde estas preguntas con oraciones completas.

1. ¿Se reúne tu familia tan frecuentemente para comer como en los países latinos?

_____

2. ¿Hay costumbres de los países latinos que te gustaría incluir en tu rutina?

_____

3. ¿Qué costumbres del mundo hispano no funcionarían en tu país?

_____

COMPOSICIÓN

Imagina que estás en España y vas a pasar un semestre en la Universidad de Salamanca con un grupo de estudiantes de tu escuela. Llegaste hace una semana y vas a escribir una carta a tu clase describiendo tu rutina diaria y las actividades que hiciste durante esa primera semana en España.

Preparación

Piensa en las diferencias de la vida diaria de un estudiante en España y de un estudiante en tu país. Luego, haz una lista de las costumbres de tu país y otra lista de las costumbres y formas de vida españolas. Piensa en los horarios de las comidas, las visitas a amigos, las compras, los lugares que frecuentaste, etc.

Las costumbres de mi país	Las costumbres de España

Composición

Escribe una carta a tu familia contando tu experiencia en España.

- Describe cómo es un día típico en España. Incluye horarios y diferencias culturales.
- Explica las diferencias culturales entre tu país y España.
- Termina la carta con una expresión de despedida, una pregunta a la persona a quien le escribes y un saludo.

_____
_____
_____
_____
_____
_____
_____
_____
_____
_____
_____
_____

Workbook

Lección 3 Workbook

Workbook

CONTEXTOS

1 **Crucigrama** Completa el crucigrama.

Horizontales

1. sinónimo de ponerse bien
3. lo contrario de adelgazar
7. quedarse despierto hasta muy tarde en la noche

Verticales

2. persona que opera en un hospital
4. muy cansada
5. se pone en un hueso roto
6. pastilla para el dolor fuerte

2 **En el hospital** Escribe oraciones lógicas usando en cada una dos palabras de la lista que estén relacionadas. Sigue el modelo. Puedes repetir palabras.

cirujano	jarabe	sala de operaciones
consultorio	operación	tos
herida	receta	venda
inyección	resfriado	virus

1. El **cirujano** trabaja en **la sala de operaciones.**
_____

2. _____
_____

3. _____
_____

4. _____
_____

5. _____
_____

6. _____

3 **¿Quién lo dice?** Lee los comentarios y luego indica quién dijo cada uno.

_____ 1. ¿Cuándo me va a quitar el yeso, doctora?   a. un niño que acaba de tomar un jarabe

_____ 2. Con este jarabe para la tos, me voy a poner bien.   b. un paciente con gripe

_____ 3. ¡Este dolor no se me va ni con aspirinas!   c. una niña que tose mucho

_____ 4. Me hice daño en el brazo.   d. un paciente con una pierna rota

_____ 5. ¡Puajj! ¡Qué sabor feo que tiene!   e. una mujer con un brazo herido

_____ 6. ¿Me va a poner una inyección?   f. un chico con dolor de cabeza

4 **La intrusa** Elige la expresión o la palabra que no pertenece al grupo.

1. curarse	ponerse bien	recuperarse	empeorar
2. inflamado	mareado	resfriado	sano
3. la gripe	la vacuna	el virus	la depresión
4. la autoestima	el bienestar	la salud	la cirugía
5. el resfriado	el tratamiento	la gripe	la tos
6. el yeso	la aspirina	el jarabe	el calmante

5 **Clasificar** Clasifica las palabras de la lista en la categoría apropiada. Luego escribe oraciones lógicas usando en cada una por lo menos dos palabras de la lista.

desmayarse	el resfriado	permanecer en cama
el calmante	estar a dieta	toser
el cáncer	la aspirina	tener fiebre
el jarabe	la gripe	tomar pastillas

Medicamentos	Tratamientos	Enfermedades	Síntomas

1. _____

2. _____

3. _____

4. _____

Workbook

ESTRUCTURA

4.1 The subjunctive in noun clauses

1 **Enfermo del corazón** Gustavo se siente muy enfermo y, por eso, decide hacer una consulta a su doctor. Completa su conversación con la forma adecuada del subjuntivo.

MÉDICO Buenas tardes. ¿Cómo está usted?

GUSTAVO Buenas tardes, doctor. Es urgente que me 1) _____ (ayudar). Es posible que 2) _____ (estar) muy enfermo.

MÉDICO No creo que 3) _____ (ser) tan grave. ¿Qué le sucede?

GUSTAVO No puedo dormir. No puedo comer. No puedo estudiar. No puedo trabajar.

MÉDICO Es necesario que me 4) _____ (dar) más información. ¿Tiene fiebre, dolores físicos, tos? ¿Está resfriado? ¿Se ha desmayado?

GUSTAVO No, nada de eso, pero no quiero que mis amigos me 5) _____ (invitar) a salir; no me gusta que mi jefe me 6) _____ (dar) trabajo; me molesta que mis profesores me 7) _____ (pedir) tareas. Sólo quiero que Pilar 8) _____ (venir) a verme, que me 9) _____ (hablar), que me 10) _____ (mirar), que me...

MÉDICO ¡Interesante! ¿Y Pilar le habla, lo mira y quiere pasar tiempo con usted?

GUSTAVO No, ése es el problema.

MÉDICO Bueno, entonces le sugiero que 11) _____ (quedarse) tranquilo. Y le aconsejo que le 12) _____ (decir) a Pilar lo que usted siente. También le recomiendo que pida una cita con un psicólogo de la clínica.

2 **Consejos** ¿Qué consejos puedes darle tú a Gustavo? Vuelve a leer la actividad anterior y luego completa estas oraciones usando el presente de subjuntivo.

1. Dudo que Gustavo _____

2. No creo que el doctor _____

3. Es evidente que Gustavo _____

4. Ojalá que Pilar _____

5. Temo que Pilar _____

6. Es posible que Gustavo _____

Workbook

3 **¿Qué recomienda el doctor?** Completa las recomendaciones que el Doctor Perales les da a sus pacientes con las palabras entre paréntesis. Usa la forma adecuada del verbo.

¿Qué le dijo el doctor...	Recomendaciones
1. al paciente que tiene un yeso en la pierna?	Insisto en que no (apoyar / la pierna) _____ durante 48 horas. No quiero que (romperse / el yeso) _____.
2. al paciente que tiene tos?	Debe dejar de fumar si desea que (mejorar / la salud) _____.
3. a la mujer que tiene el brazo lastimado?	Le recomiendo que (cambiar / la venda) _____ tres veces al día. Espero que no (inflamarse / la herida) _____.
4. a la niña que tiene tos?	Te sugiero que (tomar / este jarabe) _____ si quieres que (curarse / la tos) _____.
5. al paciente que está resfriado?	Es importante que (quedarse / en casa) _____. Tengo miedo que (contagiar / a otras personas) _____.
6. a la madre del niño con gripe?	Es necesario que (vacunar / a su hijo) _____.

4 **La paciente impaciente** La recepcionista de un consultorio médico tiene problemas con una paciente impaciente. Completa la conversación con el presente del indicativo o el presente del subjuntivo de los verbos entre paréntesis.

PACIENTE   Buenos días, 1) _____ (desear) que el doctor González me
2) _____ (examinar).

RECEPCIONISTA   Buenos días, señora. Lo siento, pero el doctor González no
3) _____ (atender) hoy. ¿La 4) _____ (poder) atender otro doctor?

PACIENTE   5) _____ (querer) que me 6) _____ (atender) el doctor González. No veré a otro doctor.

RECEPCIONISTA   Y yo le 7) _____ (recomendar) que 8) _____ (ver) a otro doctor porque el doctor González no 9) _____ (venir) hoy.

PACIENTE   10) _____ (exigir) que le 11) _____ (decir) al doctor González que necesito verlo.

RECEPCIONISTA   ¡El doctor González no 12) _____ (venir) hoy!

PACIENTE   ¡Dudo que el doctor González no 13) _____ (venir) hoy! Creo que este consultorio 14) _____ (ser) bueno. ¡Pero no estoy segura que los empleados 15) _____ (ser) competentes! ¡Quiero que 16) _____ (llamar) a su supervisor inmediatamente!

4.2 Commands

1 **El doctor Arriola** El doctor Arriola les dice a sus pacientes lo que tienen que hacer. Escribe mandatos formales (**usted**) usando las notas del doctor.

José tiene gripe.

1. tomarse / temperatura _____
2. acostarse _____
3. prepararse / sopa de pollo _____
4. beber / té con miel _____

Ignacio tiene la garganta inflamada.

5. descansar _____
6. no hablar / mucho _____
7. tomar / las pastillas _____
8. consumir / líquidos en abundancia _____

2 **El asistente del doctor Arriola** El asistente del doctor Arriola es muy joven y todavía está aprendiendo a tratar a los pacientes. Completa los consejos que el doctor Arriola le da a su asistente usando mandatos formales.

1. A los fumadores puedes decirles: "_____ No fumen _____". (no fumar)

2. A los pacientes con dolor de cabeza puedes decirles: "_____".
   (tomar / aspirinas)

3. A los pacientes con problemas de peso puedes decirles: "_____".
   (ir / al gimnasio)

4. A los deprimidos puedes decirles: "_____". (hacer / actividades
   para levantar el ánimo)

5. A los que tienen demasiado estrés puedes decirles: "_____". (descansar)

6. A los niños impacientes puedes decirles: "_____".
   (jugar / con estos juguetes)

3 **Remedios caseros** Hay personas que creen que las enfermedades pueden curarse sin ir al médico. Lee estos textos sobre creencias populares y escribe una lista de consejos usando mandatos informales con los verbos subrayados.

A. "Los resfriados pueden curarse **respirando** el vapor de agua con sal. Los resfríos también pueden curarse **tomando** té con limón y miel. Cuando estamos resfriados, debemos **abrigarnos** bien."

1. Respira el vapor de agua con sal. _____

2. _____

3. _____

B. "Cuando hay una herida, primero se **lava** con agua y jabón. Debe **ponerse** una venda para tapar bien la herida. **No** hay que **tocarse** la herida porque se puede infectar."

4. _____

5. _____

6. _____

C. "La falta de sueño se debe a una preocupación. Por eso hay que **olvidarse** de las angustias. Una taza de leche caliente es un buen remedio. **Eliminar** el café por completo es una buena idea."

7. _____

8. _____

4 **Consejos sanos** Tus compañeros de apartamento y tú quieren mejorar su salud y mantenerse sanos. Escribe diez consejos o recomendaciones usando mandatos con **nosotros**. Puedes escribir consejos sobre temas como la comida, el cuidado de los dientes, la actividad física, las heridas, etc.

1. Salgamos a caminar después de cenar. _____

2. _____

3. _____

4. _____

5. _____

6. _____

7. _____

8. _____

9. _____

10. _____

4.3 *Por* and *para*

1 **En el consultorio** Completa la conversación con **por** o **para**.

PACIENTE Doctor, tengo un malestar general: tengo mucha tos, tengo fiebre y 1) _____ colmo me siento agotado.

DOCTOR 2) _____ lo visto, tiene usted gripe. 3) ¿_____ cuánto tiempo ha tenido (*has had*) estos síntomas?

PACIENTE 4) _____ lo menos 5) _____ una semana.

DOCTOR Aquí tiene una receta. Éstas son unas pastillas 6) _____ la fiebre. Este jarabe es 7) _____ la tos. Tómelo 8) _____ la mañana y 9) _____ la noche.

PACIENTE Gracias, doctor. Voy inmediatamente a la farmacia 10) _____ mis medicinas.

2 **Síntomas y tratamientos** Escribe oraciones lógicas usando elementos de las tres columnas.

el calmante el jarabe estar a dieta estar mareado tratamiento	por para	adelgazar dolor la salud la tensión baja la tos

1. _____
2. _____
3. _____
4. _____

3 **Por qué y para qué** Completa las frases para formar oraciones lógicas.

1. Hice una llamada al consultorio por _____.

2. Hice una llamada al consultorio para _____.

3. Compré estas pastillas por _____.

4. Compré estas pastillas para _____.

5. Toma (tú) este jarabe por _____.

6. Toma (tú) este jarabe para _____.

Workbook

4   **Por y para**   Elige el significado correcto de cada oración.

1. Camino por el hospital. _____
   a. Camino por los pasillos del hospital.   b. Camino en dirección al hospital.

2. Compré las medicinas por mi madre. _____
   a. Mi madre va a tomar las medicinas.   b. Compré las medicinas porque mi madre no
                                                       pudo comprarlas.

3. Para mí, lo que tienes es un resfriado. _____
   a. En mi opinión, tienes un resfriado.   b. Al igual que yo, tienes un resfriado.

4. El doctor fue por unas pastillas para el paciente. _____
   a. El doctor fue a buscar unas pastillas   b. El doctor le recetó unas pastillas al paciente.
       para el paciente.

5   **Julieta recibe una carta de sus padres**   Una semana después de haber llegado a Madrid, Julieta recibió una carta de sus padres. Ellos creen que ella es demasiado joven para estar sola tan lejos de su casa. Completa la carta con las expresiones de la lista que necesites.

por	por aquí	por mucho
para colmo	por casualidad	por primera vez
para que sepas	por eso	por si acaso
por allí	por más que	por supuesto

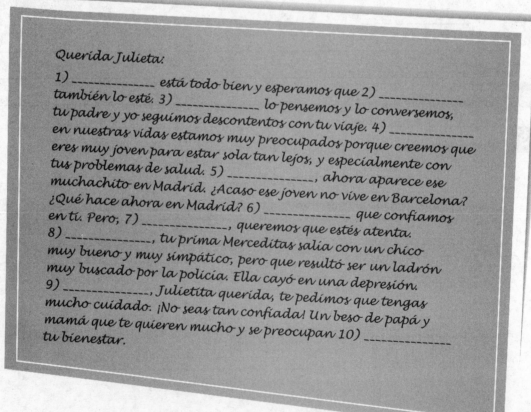

Querida Julieta:

1) _____ está todo bien y esperamos que 2) _____ también lo esté. 3) _____ lo pensemos y lo conversemos, tu padre y yo seguimos descontentos con tu viaje. 4) _____ en nuestras vidas estamos muy preocupados porque creemos que eres muy joven para estar sola tan lejos, y especialmente con tus problemas de salud. 5) _____, ahora aparece ese muchachito en Madrid. ¿Acaso ese joven no vive en Barcelona? ¿Qué hace ahora en Madrid? 6) _____ que confiamos en ti. Pero, 7) _____, queremos que estés atenta. 8) _____, tu prima Merceditas salía con un chico muy bueno y muy simpático, pero que resultó ser un ladrón muy buscado por la policía. Ella cayó en una depresión. 9) _____, Julietita querida, te pedimos que tengas mucho cuidado. ¡No seas tan confiada! Un beso de papá y mamá que te quieren mucho y se preocupan 10) _____ tu bienestar.

MANUAL DE GRAMÁTICA

4.4 The subjunctive with impersonal expressions

1 **Saber vivir** *Saber vivir* es un programa de salud que siempre da los mejores consejos para llevar una vida sana. Elige el verbo adecuado para cada una de las recomendaciones.

1. Es mejor que _____ (prevengas/previenes) la gripe con una vacuna.

2. Es importante que _____ (tengas/tienes) una buena alimentación.

3. Es verdad que los doctores siempre _____ (tengan/tienen) razón.

4. Es evidente que este programa _____ (ayude/ayuda) a muchas personas.

5. Es necesario que _____ (descanses/descansas) para ponerte bien.

6. No es cierto que las medicinas lo _____ (curen/curan) todo.

2 **Una situación peligrosa** Se acerca una gran tormenta y un grupo de amigos está discutiendo qué hacer y cómo prepararse frente a esta situación. Usa el presente de indicativo o el presente de subjuntivo.

1. Es urgente que _____.

2. Es malo que _____.

3. Es mejor que _____.

4. No es verdad que _____.

5. Es necesario que _____.

6. Es seguro que _____.

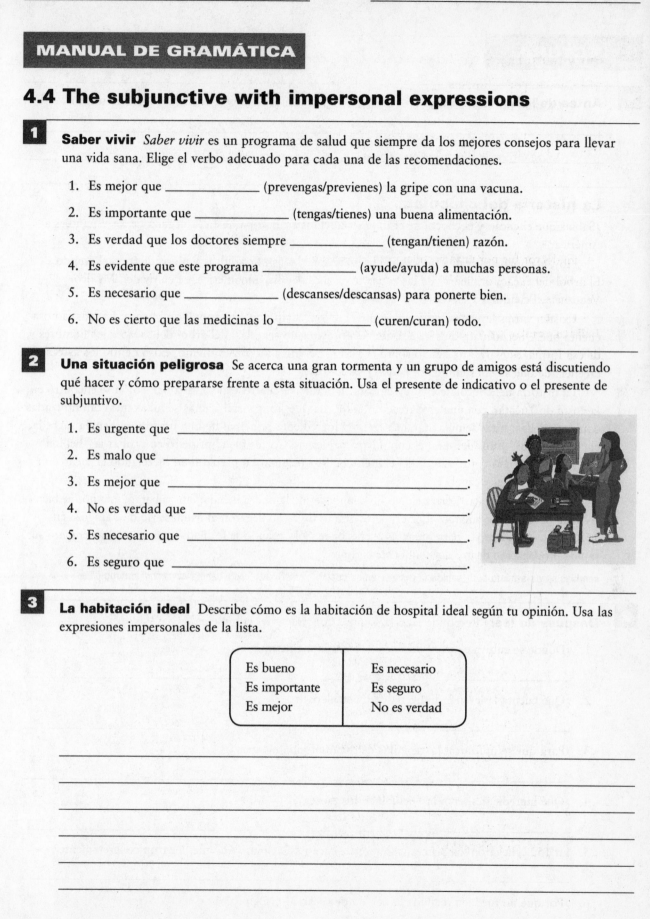

3 **La habitación ideal** Describe cómo es la habitación de hospital ideal según tu opinión. Usa las expresiones impersonales de la lista.

Es bueno	Es necesario
Es importante	Es seguro
Es mejor	No es verdad

_____

_____

_____

_____

_____

_____

Workbook

LECTURA

1 **Antes de leer** ¿Te gusta el chocolate? ¿Qué tipo de chocolate prefieres? ¿Conoces su origen?

_____

_____

La historia del chocolate

¿Sabías que el cacao y el chocolate eran desconocidos en Europa hasta la llegada de los españoles a América?

Hoy, el chocolate es una de las delicias más apreciadas por adultos y niños de todo el mundo. El árbol del cacao, originario de las zonas tropicales de Hispanoamérica, se cultiva en México, Venezuela, Ecuador y Colombia.

Existen varias leyendas indígenas sobre el origen divino de este popular alimento. La más famosa cuenta que Quetzalcóatl, dios azteca del viento, le regaló semillas° del árbol del cacao a los hombres y, de esa forma, este arbusto° creció sobre la tierra. Debido a su origen divino, existía entre los aztecas la creencia de que su consumo daba poder y sabiduría°.

La historia del chocolate es muy curiosa. Durante su cuarto viaje, Cristóbal Colón se encontró en la costa de Yucatán con una embarcación° indígena que transportaba unas semillas que eran utilizadas como monedas. Estas semillas también eran el ingrediente principal de una misteriosa bebida sagrada, el "tchocolath". Años después, el conquistador Hernán Cortés fue el primero en probar la "bebida de los dioses" en la corte° azteca del emperador Moctezuma. La preparaban mezclando el cacao con maíz, vainilla, miel y canela°.

De vuelta a España, Cortés elogió las cualidades de la nueva bebida. Sin embargo, ésta no fue bien recibida por su sabor amargo°. Los primeros granos de cacao llegaron al Monasterio de Zaragoza en 1522, junto con la receta para preparar el chocolate. Sólo cuando se le añadió azúcar de caña empezó su rápida propagación dentro del continente europeo.

semillas *seeds* **arbusto** *bush* **sabiduría** *wisdom* **embarcación** *vessel* **corte** *court* **canela** *cinnamon* **amargo** *bitter*

2 **Después de leer** Responde estas preguntas con oraciones completas.

1. ¿Dónde se cultiva el árbol del cacao en Hispanoamérica?

_____

2. ¿Qué cuenta la leyenda indígena de Quetzalcóatl?

_____

3. ¿Para qué se utilizaron las semillas de cacao originalmente?

_____

4. ¿Qué ingredientes tenía la "bebida de los dioses"?

_____

5. En 1522, llegaron los primeros granos de cacao a España. ¿Adónde llegaron concretamente?

_____

6. ¿Por qué no fue bien recibida la bebida de cacao al principio?

_____

COMPOSICIÓN

Como viste en el cuarto episodio de la **Fotonovela,** Johnny se quiere poner en forma y ha decidido no comer más dulces. Imagina que un(a) amigo/a tuyo está en la misma situación. Ayuda a tu amigo/a a crear una dieta para mejorar su alimentación y dale consejos para tener una vida más sana.

Preparación

Escribe una lista de los alimentos que debe y que no debe comer y de las actividades que van a ayudarle a mejorar su salud.

Cosas que debe comer	Cosas que no debe comer	Cosas que debe hacer

Composición

Escribe una dieta detallada para un día completo.

- Describe las comidas de un día, incluyendo desayuno, almuerzo y cena.

- Escribe también las actividades que tu amigo/a puede hacer para estar en forma e inclúyelas en su horario.

- Escribe otros consejos generales que debe seguir para llevar una vida más sana.

_____

_____

_____

_____

_____

_____

_____

_____

_____

_____

Workbook

CONTEXTOS

Lección 5
Los viajes

1 **El aeropuerto internacional** Lee las descripciones de situaciones que ocurren en un aeropuerto internacional e indica con el número apropiado qué comentario corresponde a cada una.

1. Un hombre con una maleta está tratando de comprar un pasaje, pero el empleado de la aerolínea le está explicando que ya no quedan más asientos disponibles.

2. Una pareja con maletas está en la puerta de embarque. El hombre le habla a la empleada.

3. Un joven llega al aeropuerto con una hora de retraso y el empleado le da la mala noticia.

4. El empleado de una aerolínea habla con un viajero que tiene el pasaporte vencido.

5. Dos azafatas se reúnen con un piloto en la entrada de la zona de embarque.

6. Una empleada de la oficina de informes está hablando por un micrófono para avisar que el avión saldrá dos horas más tarde.

_____ a. "Tengo dos pasajes reservados para San José."

_____ b. "Para volar necesita tener el pasaporte vigente."

_____ c. "Lo siento señor, el vuelo está lleno."

_____ d. "El vuelo con destino a la Ciudad de Panamá está retrasado."

_____ e. "¡Atención señores! Los pasajeros del vuelo 508 con destino a La Paz ya pueden embarcar."

_____ f. "Me temo que ha perdido su vuelo."

2 **La intrusa** Indica la palabra o expresión que no pertenece al grupo.

1. el accidente	el congestionamiento	el tránsito	la despedida
2. el auxiliar de vuelo	el guía turístico	el piloto	el agente de aduanas
3. el itinerario	el crucero	el buceo	la isla
4. la llegada	la salida	el destino	el viajero
5. la excursión	la aventura	la temporada alta	el ecoturismo
6. el alojamiento	el seguro	el albergue	la habitación
7. las olas	navegar	la recepción	el puerto
8. la brújula	el campamento	la excursión	el aviso

3 **Mi primer viaje** Antes de hacer su primer viaje sola, Amanda, que tiene quince años, habla con su madre. Escribe las preguntas que le hace su madre, usando la forma correcta de los verbos entre paréntesis.

MADRE   1) ¿_____ la primera noche (quedarse)?

AMANDA   En un albergue.

MADRE   2) ¿_____ (estar lleno)?

AMANDA   No te preocupes, tengo una reserva.

MADRE   3) ¿_____ (viajar)?

AMANDA   No lo sé, mamá, pero no te preocupes. El guía turístico lo sabe.

MADRE   4) ¿_____ (visitar)?

AMANDA   Una selva tropical y unas ruinas.

MADRE   5) ¿_____ (regresar)?

AMANDA   Antes de que empiecen las clases.

MADRE   6) _____ (perder el vuelo), ¿verdad?

AMANDA   ¡Claro que no!

MADRE   7) ¿_____? (hacer las maletas)

AMANDA   Bueno, mamá... a ver si nos tranquilizamos, ¿sí? Todo va a salir bien, ya verás.

4 **¡Qué aventura!** Amanda está en Costa Rica. Imagina el lugar y escribe un mensaje de correo electrónico que esta adolescente le escribió a su madre contándole las aventuras de su viaje. Usa al menos diez palabras de la lista.

albergue	frontera	quedarse
bienvenida	guía turístico	recorrer
brújula	incluido	selva
cancelar	peligroso	temporada alta

De: _____

Para: _____

Asunto: _____

Querida mamá:

¿Cómo estás? Ay, yo estoy super contenta aquí en...

_____

_____

_____

_____

Workbook

ESTRUCTURA

5.1 Comparatives and superlatives

1 **Comparaciones** Elige la opción que tenga el mismo significado que la oración original.

_____ 1. Tu pasaje costó 400 dólares y el mío sólo 250 dólares.

    a. Tu pasaje es tan caro como el mío.

    b. Tu pasaje es más caro que el mío.

_____ 2. ¡Tu vuelo llegó con cinco horas de retraso! El mío llegó a tiempo.

    a. Mi vuelo llegó retrasadísimo.

    b. Tu vuelo no fue tan puntual como el mío.

_____ 3. Me gusta esta aerolínea, pero la comida de Aerolíneas Argentinas es mucho más rica.

    a. El servicio de comida de Aerolíneas Argentinas es mejor que el servicio de comida de esta compañía aérea.

    b. El servicio de comida de esta aerolínea es tan bueno como el de Aerolíneas Argentinas.

_____ 4. En temporada alta los pasajeros pagan más por sus viajes.

    a. Viajar en temporada alta es tan caro como viajar en temporada baja.

    b. Viajar en temporada alta es más caro que viajar en temporada baja.

_____ 5. Esta auxiliar de vuelo (*flight attendant*) habla inglés y español. Aquélla sabe inglés, español e italiano.

    a. Esta auxiliar de vuelo habla tantos idiomas como aquella otra.

    b. Esta auxiliar de vuelo habla menos idiomas que aquella otra.

2 **Ecoturismo** Lee este anuncio publicitario y luego indica si las afirmaciones son **ciertas** o **falsas**.

Si te gusta la aventura, Costa Rica es tu mejor destino. Puedes disfrutar de las mejores vacaciones relajándote en las bellísimas playas de Isla Tortuga, donde también puedes practicar buceo y surf. Si necesitas más emociones, nuestra agencia de viajes te ofrece los mejores y más completos programas de ecoturismo. Tenemos los guías turísticos más cualificados, con los que recorrerás los famosísimos parques nacionales y volcanes. Puedes alojarte en hoteles, pero los albergues costarricenses son tan cómodos como los hoteles y son más económicos. ¡Viajero! No esperes más y elige nuestra agencia de viajes. Aquí te ofrecemos los mejores servicios por poco dinero. ¡Buen viaje!

Cierto	Falso	
❏	❏	1. Costa Rica es el mejor destino para los aventureros.
❏	❏	2. Esta agencia ofrece opciones también para los menos aventureros.
❏	❏	3. Esta agencia ofrece completísimos programas de ecoturismo.
❏	❏	4. Los albergues no son tan cómodos como los hoteles.
❏	❏	5. Los hoteles son tan caros como los albergues.
❏	❏	6. Esta agencia tiene buenos servicios a bajo precio.

3 **Otro mensaje de Amanda** ¿Te acuerdas de Amanda, la chica que viajó sola por primera vez? Ella acaba de llegar a otra ciudad. Lee el mensaje de correo electrónico que Amanda les escribe a sus padres y complétalo con **más/menos** o **tan/tanto/a(s)**.

De: _____

Para: _____

Asunto: _____

Queridos padres:

Ya estoy en Cartago. Estoy alojada en el Hostal Internacional. Este albergue es 1) _____ elegante como el de San José, pero desgraciadamente yo estoy 2) _____ contenta aquí que allá. Aquí hay 3) _____ habitaciones como en el Hostal Central de San José, pero hay 4) _____ comodidades que allá. La habitación es 5) _____ grande como la de San José. Pero la cama es 6) _____ cómoda y el servicio de habitación es 7) _____ frecuente que en el Hostal Central. En San José , donde todo funciona bien; el ascensor es 8) _____ rápido y el salón es 9) _____ cómodo que aquí. El desayuno es 10) _____ rico como en San José, pero los meseros y los recepcionistas te ayudan y son 11) _____ amables allá. Mañana nos vamos. Ya les contaré cómo es el nuevo albergue.

Un beso grande,

Amanda

4 **Amanda al teléfono** Amanda está ahora en otra ciudad y se aloja en otro albergue. Imagina la conversación que Amanda tiene con sus padres por teléfono en la que les cuenta los detalles del viaje y del nuevo alojamiento. Escribe la conversación usando al menos ocho palabras de la lista.

más...que	mayor	carísimo	peligroso
menos...que	mejor	elegantísimo	perder
tan...como	peor	riquísimo	turista

AMANDA   ¿Hola? Hola, sí... ¿Me escuchas mamá? ¡Soy Amanda!

MADRE   Hola, hola, hija. Sí, te escucho bien. Espera un momento que llamo a tu padre.

AMANDA   Bueno, no es necesario, mamá...

MADRE   Un momento, hija, que pongo el teléfono en manos libres (speaker phone)

PADRE   ¡Hola, Amanda! ¡Qué lindo escucharte! Cuéntanos...

AMANDA   A ver... El otro día _____

_____

_____

_____

_____

_____

_____

5.2 The subjunctive in adjective clauses

1 **En la agencia de viajes** Éric y un amigo están planeando un viaje. Completa estas oraciones con la opción adecuada para saber qué tipo de viaje quieren.

1. Buscamos un viaje que _____ (tiene / tenga) aventuras.
2. Sabemos de unos destinos que _____ (son / sean) exóticos.
3. Preferimos un hotel que no _____ (es / sea) muy caro.
4. Nos recomendaron unos lugares que _____ (ofrecen / ofrezcan) ecoturismo.
5. ¿Nos conviene un paquete de vacaciones que _____ (incluye / incluya) seguro?
6. Mi amigo quiere visitar un lugar que _____ (es / sea) tranquilo y relajante.
7. Yo prefiero un lugar que _____ (tiene / tenga) muchas actividades que hacer.
8. Conozco un programa que _____ (ofrece / ofrezca) un poco de todo.

2 **Se busca** Completa este anuncio que apareció en un periódico de San Salvador. Usa la forma adecuada del subjuntivo o el infinitivo de los verbos entre paréntesis, según corresponda.

Se busca un guía turístico que 1) _____ (hablar) inglés, que 2) _____ (conocer) bien el país y que 3) _____ (tener) experiencia en el campo del ecoturismo.
Si tú 4) _____ (ser) una persona que 5) _____ (poseer) estas características y te 6) _____ (gustar) la aventura, ponte en contacto con nosotros.
Ecotour
Avenida Colón, 56
San Salvador
www.ecotour.com.sv

3 **Posible candidata** Éric leyó el anuncio de la agencia de viajes de la actividad anterior y pensó en su prima Natalia, que vive en San Salvador. Completa los comentarios que Éric hace sobre su prima con los verbos de la lista.

conoce	sea
interese	tenga
requiera	

Sé que mi prima está buscando un trabajo que no 1) _____ mucha experiencia pero que 2) _____ interesante y seguro. Creo que Natalia no 3) _____ muy bien el mundo del ecoturismo, pero no hay nadie en nuestra familia que no 4) _____ ganas de aprender. ¡Espero que le 5) _____!

4 **De viaje** Forma oraciones combinando estos elementos. Usa el indicativo o el subjuntivo según corresponda y haz los cambios necesarios.

1. Yo/buscar/viaje/ser/económico

_____

2. Los turistas/necesitar/hoteles/no estar lleno

_____

3. La guía/conocer/lugares en la selva/no ser peligrosos

_____

4. Nosotros/querer/vuelo/tener/seguro

_____

5. El hotel/no tener/ninguna habitación/ser doble

_____

6. El aventurero/conocer/lugares/ser peligrosos

_____

5 **Tu viaje ideal** Completa estas oraciones describiendo cómo sería tu viaje ideal. Usa el subjuntivo.

1. Busco una agencia de viajes que _____.

2. Necesito un boleto de avión que _____.

3. Prefiero que la comida del avión _____.

4. Es importante que alguien _____.

5. No quiero que nadie _____.

6. Voy a conseguir un alojamiento que _____.

6 **Hotel completo** Acabas de llegar a Managua, la capital de Nicaragua, y descubres que el hotel que habías reservado está lleno. El recepcionista ofrece buscarte otro hotel. Escribe una conversación en la que le explicas qué tipo de alojamiento buscas. Usa al menos seis palabras de la lista.

buscar	hotel	preferir
conocer	necesitar	recepción
habitación individual	peligroso	servicio de habitación

_____

_____

_____

_____

_____

_____

_____

5.3 Negative and positive expressions

1

Los viajeros Escribe la letra de la opción que tenga el mismo significado que la oración dada.

_____ 1. Ni me gustan los aviones ni los cruceros.
  a. No me gusta volar y tampoco me gustan los cruceros.
  b. No me gusta viajar en avión, pero me gustan los cruceros.

_____ 2. Fabiola ha estado en Panamá y Éric también.
  a. Ninguno de los dos ha visitado Panamá.
  b. Fabiola y Éric han visitado Panamá.

_____ 3. Generalmente en mis viajes, o alquilo un carro o una motocicleta.
  a. Ni alquilo un carro ni una motocicleta en mis viajes.
  b. Generalmente, alquilo algún medio de transporte en mis viajes.

_____ 4. Cuando visito un lugar nuevo siempre hago amigos.
  a. Nunca conozco a nadie cuando viajo.
  b. Conozco a mucha gente en mis viajes.

2

Aventuras y desventuras Completa estas oraciones con la opción correcta.

1. Los turistas no están buscando _____ (alguna/ninguna) aventura.

2. Los turistas no conocen bien la isla y el guía _____ (tampoco/también).

3. El guía turístico _____ (ni/no) encontró el campamento _____ (ni/no) las ruinas.

4. _____ (algunos/ningún) turistas quieren regresar a la ciudad.

3

Viajes Completa esta conversación entre Fabiola y Johnny con las palabras de la lista. Hay dos palabras que se repiten.

algo	jamás	ni siquiera
algún	nada	nunca
alguna	nadie	siempre
algunas	ni	tampoco

FABIOLA Johnny, ¿has viajado 1) _____ vez a Centroamérica?

JOHNNY No, 2) _____ , pero me gustaría ir 3) _____ día.
4) _____ que hay 5) _____ conferencia, yo estoy ocupado
con el trabajo o tengo 6) _____ que hacer.

FABIOLA ¿De veras? ¿No has estado 7) _____ en Panamá 8) _____ en
Costa Rica? Entonces, ¿9) _____ fuiste a la conferencia de Managua el año
pasado?

JOHNNY No, ya te dije que 10) _____ he viajado a Centroamérica. ¿Es que no me
escuchas?

FABIOLA ¡Pobre Johnny! ¡No te imaginas lo que te pierdes! 11) _____ sabemos el
destino de este año, ¡y ya hay 12) _____ personas interesadas en ir en la
oficina! ¿Puedes creerlo?

JOHNNY ¿En serio? No he oído 13) _____ . Pues, si yo no voy este año, no va
14) _____ .

Workbook

4 **El Hostal Miralrío** Johnny se encuentra en una situación de emergencia y llama a un amigo para pedirle ayuda. Completa esta parte de la conversación telefónica con expresiones positivas y negativas.

El Hostal Miralrío no tiene 1) _____ habitación libre. Y eso es extraño porque normalmente 2) _____ tiene habitaciones disponibles. Nos vamos a tener que alojar en 3) _____ hotel esta noche, pero el problema es que no hay 4) _____ en esta zona. Yo no tengo mucho dinero, y mis amigos 5) _____, y me preguntaba si tú tenías 6) _____ espacio libre en tu casa para pasar la noche.

5 **Oraciones opuestas** Cambia estas oraciones afirmativas a negativas usando expresiones positivas y negativas.

1. El Hostal Miralrío siempre tiene habitaciones libres.

_____

2. A mí también me gusta alojarme en albergues juveniles.

_____

3. Hay algún hotel cerca de aquí.

_____

4. Nosotros tenemos dinero y tarjetas de crédito.

_____

5. Tengo algunos amigos en esta ciudad.

_____

6. Estoy seguro de que alguien va a cancelar su reserva.

_____

6 **¿Lo ayudará?** Escribe la segunda parte de la conversación telefónica entre Johnny y su amigo en la que éste le responde a Johnny. Usa al menos ocho expresiones positivas y negativas de la lista.

algo	jamás	ni…ni
algún	nada	nunca
alguna	nadie	siempre
algunas	ni siquiera	tampoco

_____

_____

_____

_____

_____

_____

_____

_____

_____

MANUAL DE GRAMÁTICA

5.4 *Pero* y *sino*

1 **Pero o sino** Completa cada oración con la opción correcta. Vas a usar una expresión dos veces.

> sino
>
> pero
>
> no sólo... sino que
>
> sino que
>
> pero tampoco

1. Yo no quiero viajar mañana _____ el viernes.
2. Este vuelo no va a Managua _____ a San Salvador.
3. La excursión es fascinante _____ peligrosa.
4. Creo que _____ no estamos avanzando,
   _____ estamos perdidos.
5. No quiero ir al crucero _____ prefiero recorrer la selva.
6. El campamento no es el sitio más seguro _____ es peligroso.

2 **Completar** Completa estas oraciones con frases que comienzan con **pero** o **sino**.

1. Mis amigos no son salvadoreños _____ .
2. Tengo la impresión de que este hotel es malo _____ .
3. Mis padres querían que yo fuera a Nicaragua _____ .
4. El avión no llegó retrasado _____ .
5. No me lo pasé muy bien _____ .
6. La isla es pequeña _____ .

3 **Tu último viaje** Escribe una breve composición narrando tu último viaje. Incluye información sobre con quién viajaste, dónde fuiste, por cuántos días, qué hiciste y, finalmente, incluye una anécdota de algo que fue divertido, horrible o inesperado. Usa al menos cuatro expresiones de la lista.

> no sólo... sino que   pero   sino
>
> no sólo... sino también   pero tampoco   sino que

_____

_____

_____

_____

_____

_____

_____

_____

_____

Workbook

LECTURA

1 **Antes de leer** ¿Qué te gusta hacer en las vacaciones? ¿Te gustan las vacaciones en contacto con la naturaleza? _____

_____

_____

Ecoturismo en el Amazonas

El río Amazonas, que nace en el Perú, pasa por el Brasil y desemboca° en el Atlántico, tiene 6.275 kilómetros de longitud. Este río encuentra a su paso casi seiscientas islas. En este territorio selvático, llamado Amazonia, viven muchas comunidades indígenas.

La selva virgen amazónica es un importante destino para los ecoturistas. El turismo ecológico permite conocer, aprender a respetar y, en consecuencia, proteger los recursos naturales de nuestro planeta. El contacto con las comunidades indígenas contribuye a su desarrollo° económico, sin violar su entorno° ni destruir su cultura tradicional.

Hay muchas empresas que organizan viajes de ecoturismo. Puedes hacer una excursión sencilla a uno de los extraordinarios parques nacionales, o pasear por la selva para observar las plantas medicinales y la fauna. Además, puedes pescar, participar en la preparación de alimentos, como el queso, descansar en los tranquilos cruceros, visitar alguna isla y bañarte en los ríos.

Pero si eres más aventurero y atrevido, puedes acampar en la selva virgen, aprender nociones de supervivencia° y practicar deportes extremos, como la escalada, el paracaidismo° y el rafting.

desemboca *flows into* **el desarrollo** *development* **el entorno** *environment*
la supervivencia *survival* **el paracaidismo** *parachuting*

2 **Después de leer** Contesta estas preguntas con oraciones completas.

1. ¿Dónde nace y dónde desemboca el río Amazonas?

_____

2. ¿Qué es la Amazonia?

_____

3. ¿Qué le permite el ecoturismo al turista?

_____

4. ¿Qué efecto tienen los programas de ecoturismo en los pueblos indígenas del Amazonas?

_____

5. ¿Pueden disfrutar del ecoturismo las personas que buscan unas vacaciones tranquilas? ¿Por qué?

_____

6. ¿Qué ofrece el turismo ecológico a los turistas más aventureros?

_____

COMPOSICIÓN

Imagina que trabajas para una empresa que ofrece programas de turismo ecológico en Centroamérica y debes preparar un paquete (*package*) de una semana para la nueva temporada de primavera.

Preparación

Escribe una lista de los lugares que vas a incluir en tu itinerario. Luego enumera distintas actividades ecológicas y recreativas que se pueden realizar en cada lugar. Piensa también en actividades alternativas para los que prefieren la tranquilidad, y en otros datos interesantes.

lugares para visitar	actividades para los aventureros	alternativas para los que prefieren la tranquilidad	datos interesantes

Composición

Escribe el texto para un folleto (*brochure*) informativo sobre el paquete. Incluye esta información:

- una frase o eslogan para atraer al lector
- una descripción del lugar o lugares que se van a visitar y las actividades que se ofrecen cada día
- actividades alternativas para los que prefieren la tranquilidad
- los medios de transporte y el alojamiento
- un dato interesante para atraer la atención de los clientes. Puede ser información turística, histórica, una anécdota de algún viajero, etc.
- información de contacto: nombre de la agencia de viajes, tu nombre, número de teléfono y un sitio de Internet

_____

_____

_____

_____

_____

_____

_____

_____

_____

_____

Workbook

CONTEXTOS

Lección 6
La naturaleza

1   Palabras Escribe la palabra de la lista que corresponde a cada una de estas descripciones o definiciones.

ave	cordillera	león	serpiente
cerdo	erosión	oveja	terremoto
conejo	incendio	rata	trueno

1. _____ → el rey de la selva

2. _____ → el fenómeno natural en el que la tierra se mueve

3. _____ → un ejemplo es la cobra

4. _____ → un sinónimo de pájaro

5. _____ → el ruido en una tormenta

6. _____ → un grupo de montañas

2   Definiciones Escribe una descripción o definición de cada palabra.

1. costa   → _____

2. bosque   → _____

3. desierto → _____

4. mar   → _____

5. relámpago → _____

6. paisaje   → _____

3   Campo o ciudad ¿Prefieres vivir en el campo o en la ciudad? Escribe las ventajas y las desventajas de vivir en el lugar que tú elijas.

al aire libre	entretenimientos	medio ambiente	promover
contaminación	explotar	paisaje	respirar

Prefiero vivir en: _____

Ventajas	Desventajas

4 **Artículo** Lee este artículo sobre la conservación de los recursos naturales y complétalo con las palabras de la lista. Hay una palabra que se repite.

Conservemos nuestros recursos

La comarca de Cibao, en la República Dominicana, quiere promover (*promote*) el 1) _____ del turismo rural a través de una serie de programas de conservación de los 2) _____ de la zona. Especialistas ambientales van a ofrecer talleres (*workshops*) para aprender a 3) _____ la basura y así conservar sus bellos 4) _____ y no 5) _____ el campo con desechos industriales (*industrial waste*). Al enseñar a proteger los árboles y las plantas, este programa también va a 6) _____ a resolver los problemas de 7) _____ del 8) _____. También se enseñará a no 9) _____ y a usar 10) _____ que causan menos daño que la gasolina, como por ejemplo el gasoil y el biodiesel. Este programa de 11) _____ de recursos va a mejorar la zona y atraer más turistas a las áreas rurales.

bosque lluvioso
combustibles
conservación
contaminar
contribuir
deforestación
desarrollo
paisajes
reciclar
recursos naturales

5 **Cierto o falso** Indica si estas afirmaciones sobre el artículo anterior son **ciertas** o **falsas**.

Cierto	Falso		
❑	❑	1.	El programa de conservación sólo quiere atraer a turistas.
❑	❑	2.	Este programa quiere conservar los paisajes.
❑	❑	3.	El programa va a ayudar a proteger los bosques lluviosos.
❑	❑	4.	Hay un programa para educar sobre productos dañinos.
❑	❑	5.	Este programa ayuda a proteger a animales en peligro de extinción.
❑	❑	6.	Se ofrece un programa especial sobre energías renovables.

6 **Turismo rural** Imagina que decides ir a la zona de Cibao para hacer turismo rural. Escribe una postal a tu familia describiendo tus vacaciones, los lugares que has visitado y las actividades que has practicado. Usa al menos seis palabras de la lista.

a orillas de	conservar	medio ambiente
al aire libre	desaparecer	paisaje
bosque	extinguirse	salvaje

_____

_____

_____

_____

_____

ESTRUCTURA

6.1 The future

1 **El futuro** Lee las predicciones de un futurólogo sobre el futuro de una isla caribeña y completa las oraciones con la forma adecuada del futuro de los verbos entre paréntesis.

El futuro no parece muy prometedor para nuestra isla. Un huracán 1) _____ (destruir) muchas partes de la isla y las casas de la costa 2) _____ (desaparecer). Otros desastres naturales 3) _____ (afectar) a la isla. Primero, 4) _____ (haber) una inundación que 5) _____ (arrasar-*to devastate*) la capital. Después, muchas personas 6) _____ (malgastar) el agua porque mucha gente piensa que el agua nunca se 7) _____ (terminar), y esto 8) _____ (provocar) la mayor sequía de la historia de la isla. 9) _____ (perder/nosotros) todos nuestros bosques tropicales porque no 10) _____ (llover). Éste 11) _____ (ser) el futuro aterrador (*terrifying*) de la isla.

2 **Predicciones** Completa esta entrevista con las respuestas que el futurólogo le da a una periodista. Usa oraciones completas y la forma adecuada del futuro de los verbos entre paréntesis.

PERIODISTA Muchas gracias por aceptar esta entrevista. Quiero hacerle unas preguntas. La primera: ¿Qué pasará con los animales de la isla?

FUTURÓLOGO _____ (extinguirse)

PERIODISTA ¿Cómo será el aire?

FUTURÓLOGO _____ (estar)

PERIODISTA ¿Qué harán las autoridades del gobierno?

FUTURÓLOGO _____ (no resolver)

PERIODISTA ¿Y qué pasará con los recursos naturales?

FUTURÓLOGO _____ (agotarse)

3 **Tus predicciones** Piensa en las concidiones medioambientales del lugar donde tú vives y escribe tus propias predicciones sobre estos temas. Usa la forma adecuada del futuro.

| árboles | calentamiento global | erosión |
| basura | capa de ozono | paisaje |

1. _____
2. _____
3. _____
4. _____
5. _____
6. _____

4 **Planes sobre el futuro** Sergio y su novia Isabel hablan de su pasado, su presente y su futuro. Indica qué tiempo se usa en cada una de estas oraciones y después cambia las oraciones que se refieren al futuro siguiendo el modelo.

> **modelo**
> Dentro de dos años vamos a tener cuatro hijos.
> *Dentro de dos años **tendremos** cuatro hijos.*

Pasado	Presente	Futuro	
❑	❑	❑	1. Ahora vivo con mis padres en Santo Domingo.
❑	❑	❑	2. De niño, acampaba en los bosques de la region amazónica del Perú.
❑	❑	❑	3. Van a venir mis padres para conocerte.
❑	❑	❑	4. En nuestra boda va a tocar una banda toda la noche.
❑	❑	❑	5. Encontré un apartamento precioso en la costa de Chile para vivir juntos cuando nos casemos.
❑	❑	❑	6. Nunca voy a dejar de quererte.
❑	❑	❑	7. Juntos vamos a ser muy felices.

_____

_____

_____

_____

5 **El futuro** Completa estas oraciones con tu opinión sobre lo que pasará si no cuidamos nuestro planeta. Luego piensa en posibles soluciones para los tres problemas que consideres más graves.

Problemas:

1. Si no reducimos el consumo de energía, _____.

2. Si no conservamos el agua, _____.

3. Si no protegemos a los animales, _____.

4. Si desforestamos los bosques, _____.

5. Si agotamos los recursos naturales, _____.

6. Si cazamos indiscriminadamente, _____.

7. Si desaparecen los arrecifes, _____.

8. Si no reciclamos, _____.

Soluciones:

_____

_____

_____

_____

6.2 The subjunctive in adverbial clauses

1 **¿Cuál es?** Elige la conjunción adecuada para completar cada oración relacionada con la ecología.

1. _____ (Aunque/Para que) contaminemos menos, el calentamiento global continúa siendo un tema preocupante.

2. _____ (Tan pronto como/En caso de que) llueva, se reducirá el problema de la sequía.

3. Debemos cuidar los bosques _____ (en cuanto/para que) no se extingan los animales.

4. No se podrá cazar animales _____ (en caso de que/sin que) sean especies protegidas.

5. Empezaremos los programas de reciclaje _____ (en cuanto/aunque) terminen las inundaciones.

6. _____ (Con tal de que/Antes de que) nos demos cuenta, la capa de ozono desaparecerá.

2 **Preocupaciones ecológicas** Completa estas oraciones con el subjuntivo o el indicativo de los verbos entre paréntesis, según el contexto.

1. Tenemos que conservar agua aunque _____ (haber) suficiente agua ahora.

2. Cuando _____ (desaparecer) los bosques, se pierden muchas especies.

3. La gente se preocupará por el calentamiento de la tierra cuando _____ (ser) demasiado tarde.

4. Los carros seguirán contaminando hasta que _____ (encontrarse) mejores combustibles alternativos.

5. Las especies en peligro de extinción comienzan a recuperarse tan pronto como nosotros _____ (hacer) algo para protegerlas.

6. Los recursos naturales se agotarán a menos que todas las personas del planeta los _____ (conservar).

3 **Peligros y precauciones** Escribe oraciones lógicas con las conjunciones dadas y las palabras de la lista.

atrapar	extinguirse	paisaje
cazar	león	tierra
conejo	morder	venenoso

1. A menos que _____

_____ .

2. Con tal de que _____

_____ .

3. Antes de que _____

_____ .

4. En caso de que _____

_____ .

4 **Planes para el medio ambiente** Completa las respuestas que da la Ministra de Medio Ambiente de Puerto Rico en una conferencia de prensa. Usa las claves que se dan entre paréntesis.

1. ¿Qué hará por el medio ambiente antes de que termine su mandato (*term of office*)?

   (Antes de que) _____

2. ¿Qué proyectos planea hacer con todos los partidos políticos?

   (Luego que/reunirme con ellos) _____

3. ¿Con qué asociaciones ecológicas trabajará?

   (En cuanto/hablar con asociaciones locales) _____

4. ¿Hasta cuándo cree que serán necesarios sus programas de educación ambiental?

   (Serán necesarios hasta que el público) _____

5. ¿Qué está dispuesta a hacer (*willing to do*)?

   (Con tal de que/respetarse la naturaleza) _____

6. ¿Quién continuará su trabajo por el medio ambiente cuando termine su gobierno?

   (Después de que/yo/irme) _____

5 **Campaña electoral** La Ministra de Medio Ambiente de Puerto Rico quiere continuar en su trabajo de ministra. Escribe un discurso convincente que la ayude a obtener el apoyo del público.

A. Para preparar el discurso, haz una lista de cinco proyectos ambientalistas y explica por qué son relevantes.

_____

_____

_____

_____

_____

B. Escribe el discurso con las ideas de la lista anterior. Expande las ideas usando al menos cinco expresiones de esta lista.

a menos que	cuando	para que	sin que
a pesar de que	en cuanto	siempre que	tan pronto como

_____

_____

_____

_____

_____

_____

_____

_____

6.3 Prepositions: *a, hacia,* and *con*

1 **¡Hay que ver el documental!** Empareja las columnas para formar oraciones lógicas.

_____ 1. El documental de televisión sobre los arrecifes empieza

_____ 2. No quiero llegar tarde a casa. Le prometí

_____ 3. Entonces tenemos que caminar ya

_____ 4. Este parque está

_____ 5. Calculo que llegaremos a casa

_____ 6. ¡Qué tarde! Voy a llamar

_____ 7. Afortunadamente es muy fácil comunicarse; siempre salgo de casa

a. a Diana para pedirle que grabe (*record*) el documental en video porque llegaré tarde.

b. hacia las nueve y cuarto.

c. con mi teléfono celular.

d. a una milla de mi casa.

e. hacia la salida del parque.

f. a las nueve en punto.

g. a Diana que íbamos a llegar a tiempo.

2 **Completar** Completa las oraciones con la preposición **a** según corresponda. Si no es necesario usar **a**, escribe una X.

1. ¿Viste _____ las montañas? ¡Son preciosas!

2. _____ mis amigos no les gusta acampar.

3. Este manual explica _____ cómo conservar los recursos naturales.

4. No conozco _____ nadie que no recicle la basura inorgánica.

5. Para ahorrar combustible, voy _____ conducir menos.

6. Siempre le digo _____ Johnny que no use tanta agua.

7. Buscamos _____ estudiantes para la campaña ecológica.

8. ¿Quieren vivir en una ciudad llena de basura? ¿No? Pues, ¡ _____ reciclar!

3 **Oraciones** Combina los elementos para formar oraciones lógicas. En cada una debes usar las preposiciones **a, con** o **hacia** por lo menos una vez. Haz los cambios necesarios.

1. nosotros / necesitar / ciudadanos responsables / para trabajar / nosotros

_____

2. yo / no gustar / tu actitud negativa / los animales

_____

3. mi interés / la naturaleza / empezar / los años noventa

_____

4. Aguayo / dar de comer / su pez / todos los días

_____

5. tú / querer / hablar / tu novia / sobre la idea de adoptar / un perro

_____

6. ayer / la lluvia / caer / mucha fuerza / todo el día

_____

7. yo / preguntar / Ana / qué hora / llegar / casa / anoche

_____

8. ayer / él / explicar / todos / muchos detalles / las consecuencias de la deforestación

_____

4 **Reunión** Completa esta conversación entre el alcalde (*mayor*) de Río Piedras, Puerto Rico, y el presidente de una organización ecologista.

con nosotros	con ustedes	con él
con	conmigo	con ellos

ALCALDE Debemos buscar una solución para terminar 1) _____ el problema de la caza. 2) _____ tanta caza, los animales del bosque van a desaparecer.

ECOLOGISTA Nosotros queremos hablar con los cazadores, pero ellos no quieren reunirse 3) _____.

ALCALDE 4) _____ esa actitud de no querer reunirse, es difícil que ellos colaboren 5) _____. Intentaré llegar a un acuerdo 6) _____. Seguro que ellos sí quieren hablar 7) _____. Llamaré a mi cuñado, él es cazador y 8) _____ se puede hablar 9) _____ más confianza.

ECOLOGISTA Gracias, señor Alcalde. Cuente 10) _____ para lo que necesite.

5 **Conversación** Escribe la conversación que el alcalde de Río Piedras tuvo con su cuñado el cazador. Usa al menos seis expresiones de la lista.

a los animales	a nadie	con cuidado	con nosotros
a los cazadores	con	con ellos	hacia el bosque

_____

_____

_____

_____

_____

_____

_____

_____

_____

_____

_____

_____

_____

MANUAL DE GRAMÁTICA

6.4 Adverbs

1   **Adverbios** Escribe adverbios derivados de estos adjetivos.

1. básico _____   5. feliz _____

2. común _____   6. honesto _____

3. enorme _____   7. inmediato _____

4. fácil _____   8. rápido _____

2   **Sustituir** Sustituye las expresiones subrayadas por los adverbios terminados en **-mente**.

1. Los cazadores de Río Piedras hablaron con el alcalde <u>con tranquilidad</u>. _____

2. El incendio se apagó <u>con mucha rapidez</u>. _____

3. Los ecologistas trataron el problema de la capa de ozono <u>con habilidad</u>. _____

4. El bosque está desapareciendo <u>con lentitud</u>. _____

5. Los ecologistas piden colaboración a las autoridades <u>con insistencia</u>. _____

6. Se aconseja no usar materiales desechables <u>a diario</u>. _____

3   **Consejos medioambientales** Escribe los consejos que todos deberíamos seguir para contribuir a la conservación de los recursos naturales. Usa al menos seis adverbios y frases adverbiales de la lista.

a menudo	así
a tiempo	casi
a veces	de vez en cuando
apenas	por fin

_____

_____

_____

_____

_____

_____

_____

_____

_____

_____

LECTURA

Workbook

1   **Antes de leer** ¿Existen animales en peligro de extinción en tu país? ¿Se hace algo para protegerlos?

_____

_____

_____

Las islas Galápagos

La fauna de Hispanoamérica es de una riqueza extraordinaria. Lamentablemente, algunas especies animales están en peligro de extinción a causa de la caza y pesca indiscriminadas, la creciente deforestación y, por supuesto, la contaminación. Sin embargo, todavía se pueden encontrar paraísos en los que la naturaleza se ha salvado de la mano contaminadora del hombre.

En el océano Pacífico, a unos 1.000 kilómetros del Ecuador, se encuentra uno de los ecosistemas más extraordinarios del planeta. Se trata de las islas Galápagos, un archipiélago compuesto por 125 islas e islotes. Su origen volcánico le confiere al paisaje un aspecto de lugar encantado. Pero no es esta cualidad lo que atrae a los visitantes e investigadores, sino las maravillosas especies animales de estas islas.

El nombre del archipiélago proviene de la gran cantidad de tortugas gigantes que habitan allí, llamadas galápagos, y que son únicas en todo el planeta. Las islas Galápagos son un paraíso no sólo para estas tortugas, sino para muchas otras especies animales protegidas, como las iguanas marinas, los piqueros°, las fragatas°, los leones marinos, entre otras muchas especies de reptiles, aves y mamíferos. En 1835, Charles Darwin concibió su teoría de la evolución en estas islas, inspirado en la singularidad de las especies que encontró.

Debido al escaso° contacto que han tenido con el hombre, muchos de los animales del archipiélago no les tienen miedo a los visitantes y se acercan a ellos movidos por la curiosidad. Por ello, y para proteger el medio ambiente, hace unos años se limitó el número de turistas que puede visitar las islas anualmente. A pesar de ésta y otras medidas que se han tomado, algunas de las especies que viven en este ecosistema se encuentran actualmente en peligro de extinción.

piqueros *blue footed boobie* **fragatas** *frigatebird* **escaso** *limited*

2   **Después de leer** Completa estas oraciones con la opción correcta.

1. Algunas especies están en peligro de extinción debido a la caza y la pesca indiscriminadas y _____.

    a. la deforestación y   b. la deforestación y   c. la contaminación y
       la contaminación   los incendios   los terremotos

2. Las islas Galápagos están en _____.

    a. el mar Caribe   b. el océano Atlántico   c. el océano Pacífico

3. El nombre de las islas proviene de una especie de _____ que vive allí.

    a. lagarto gigante   b. tortuga gigante   c. ballena

4. En las islas Galápagos se ha limitado el número de _____ al año, para proteger su medio natural.

    a. visitantes   b. aves   c. especies

COMPOSICIÓN

Imagina que perteneces a una organización ambiental que trabaja en una campaña de sensibilización (*awareness*) para la protección de espacios naturales. Tú eres el/la encargado/a de escribir un folleto informativo.

PREPARACIÓN

Escribe una lista de los lugares que planeas proteger. Puedes buscar información en las lecturas del libro de texto. Luego escribe otra lista para indicar lo que quieres proteger (animales, plantas, bosques, etc.). Por último, da consejos a los visitantes para que colaboren en la protección de los lugares que seleccionaste.

Dónde proteger	Qué proteger	Consejos y recomendaciones

COMPOSICIÓN

Escribe un folleto informativo para tu campaña de sensibilización.

- Incluye un eslogan o una cita sobre el medio ambiente para captar la atención del lector.
- Describe el lugar que quieres proteger. Explica dónde está, qué atracciones turísticas naturales tiene, etc. Debes elegir dos o tres espacios naturales.
- Describe qué se necesita proteger en particular y por qué. Usa la información de los artículos del libro de texto y de la lectura de la página anterior.
- Escribe tres consejos prácticos para que todos los visitantes puedan colaborar en la conservación de esos espacios naturales.

_____

_____

_____

_____

_____

_____

_____

_____

_____

_____

Workbook

Lección 6 Workbook

CONTEXTOS

Lección 1
Las relaciones personales

1 **Una carta muy especial** Rosa, una psicóloga, tiene un programa de radio en el que da consejos sobre problemas sentimentales. Escucha mientras Rosa lee una carta de sus oyentes. Después, completa las oraciones con la opción correcta.

1. La persona que escribe la carta es _____.
   a. un chico joven   b. un señor mayor   c. una abuelita

2. Antonio está _____.
   a. ansioso   b. casado   c. viudo

3. Los amigos de Antonio _____.
   a. son geniales   b. no tienen experiencia   c. siempre tienen
                              en temas sentimentales   vergüenza

4. Antonio piensa que _____.
   a. su novia está agobiada   b. su novia coquetea   c. su novia odia a
      por Juan Carlos   con Juan Carlos   Juan Carlos

5. Antonio no quiere hablar con Juan Carlos sobre este problema porque _____.
   a. Juan Carlos es sensible   b. Antonio es tímido   c. Antonio es orgulloso

6. Antonio _____.
   a. no quiere discutir con   b. quiere discutir   c. quiere discutir con
      su novia   con Juan Carlos   sus amigos

2 **Identificar** Marta va a leer una breve descripción de Caro, su compañera de apartamento. Marca los adjetivos que escuches en su descripción.

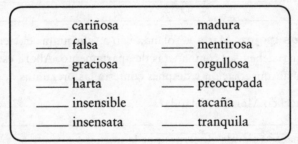

_____ cariñosa   _____ madura
_____ falsa   _____ mentirosa
_____ graciosa   _____ orgullosa
_____ harta   _____ preocupada
_____ insensible   _____ tacaña
_____ insensata   _____ tranquila

3 **No entiendo** Vuelve a escuchar lo que dice Marta de Caro y contesta las preguntas con oraciones completas.

1. ¿Se llevan bien Marta y Caro?

   No, no se llevan bien. _____

2. ¿Por qué dice Marta que Caro es mentirosa?

   _____

3. ¿Cómo se siente Marta?

   _____

4. ¿Crees que el problema que tienen es pasajero (*fleeting*)? ¿Por qué?

   _____

Lab Manual

ESTRUCTURA

1.1 The present tense

1 **La compañera de apartamento ideal** ¿Recuerdas a Marta y Caro, las compañeras de apartamento con personalidades opuestas? Caro ya no vive allí y Marta está buscando una nueva compañera de apartamento. Dos chicas han dejado mensajes en el contestador automático de Marta. Escucha sus mensajes y relaciona cada cualidad con la chica correspondiente.

CANDIDATAS	es tranquila	come en el campus	estudia mucho	es activa
Andrea				
Yolanda				

2 **Identificar** Contesta las preguntas según la información de los mensajes telefónicos que dejaron Andrea y Yolanda para Marta. Escucha otra vez los mensajes para recordar mejor los detalles.

1. ¿Qué deporte practica Andrea? _____

2. ¿Qué cree Andrea que deben hacer Marta y ella para conocerse? _____

3. ¿Dónde almuerza normalmente Andrea? _____

4. ¿Qué tipo de compañera de apartamento busca Yolanda? _____

5. En tu opinión, ¿con quién crees que Marta prefiere compartir el apartamento? Explica por qué. _____

3 **Para conocernos mejor** Marta y Yolanda van a salir juntas el viernes por la tarde para conocerse mejor y determinar si deben ser compañeras de apartamento. Ahora están pensando qué van a hacer esa tarde. Escucha su conversación y después contesta las preguntas.

1. ¿Qué están leyendo Marta y Yolanda? _____

2. ¿Qué quiere hacer Yolanda el viernes por la noche? _____

3. ¿Tiene Yolanda mucho dinero? _____

4. ¿Quién puede conseguir los boletos para el teatro? _____

5. ¿Dónde van a cenar? _____

6. ¿Qué va a hacer Marta la próxima vez? _____

7. ¿Cómo se llevan Marta y Yolanda? _____

1.2 *Ser* and *estar*

1   **De vacaciones** Pedro y su novia Leticia están de vacaciones. Mira el dibujo y marca **cierto** o **falso** para cada oración que escuches. Si es falsa, corrígela y escribe la oración cierta con **ser** o **estar**.

	Cierto	Falso	
1.	☐	☐	_____
2.	☐	☐	_____
3.	☐	☐	_____
4.	☐	☐	_____
5.	☐	☐	_____
6.	☐	☐	_____

2   **Aprendiendo español** Andrés es un estudiante de español y no sabe cuándo debe usar ser y cuándo debe usar **estar**. Escucha a Andrés mientras lee las oraciones que ha escrito para su composición y escribe la forma correcta de los verbos.

1. _____
2. _____
3. _____
4. _____

5. _____
6. _____
7. _____
8. _____

3   **Andrés** Escucha esta información sobre Andrés e indica si las siguientes oraciones se completan con ser o estar. Marca el infinitivo apropiado y completa cada oración con la forma correcta del verbo que has marcado.

	Ser	Estar	
1.	☑	☐	_____ Es _____ tímido.
2.	☐	☐	_____ en los EE.UU.
3.	☐	☐	_____ experimentando unos dolores de cabeza muy extraños.
4.	☐	☐	_____ las nueve de la mañana.
5.	☐	☐	_____ en la clase.
6.	☐	☐	_____ enojados.
7.	☐	☐	_____ inteligente.
8.	☐	☐	_____ muy lejos de allí ahora.

Lab Manual

1.3 Progressive forms

1 **La ex novia de Jorge** Gonzalo y Jorge están descansando en su apartamento. Gonzalo está mirando por la ventana, cuando de repente ve a la ex novia de Jorge paseando por la calle. Escucha la conversación entre Gonzalo y Jorge, y después indica si estas oraciones son **ciertas** o **falsas**.

Cierto Falso

1. ❏ ❏ Jorge siempre está descansando o durmiendo.
2. ❏ ❏ Gonzalo nunca mira por la ventana.
3. ❏ ❏ Jorge y Gonzalo tienen una personalidad muy diferente.
4. ❏ ❏ Jennifer López está paseando por la calle.
5. ❏ ❏ Susana y Jorge se llevan muy bien.
6. ❏ ❏ El chico argentino del tercer piso siempre se peleaba con Susana.

2 **¿Qué está pasando?** Vuelve a escuchar la conversación entre Gonzalo y Jorge y completa las oraciones según la información que escuchaste.

1. Mientras Jorge está en el sofá, Gonzalo _____.
2. Gonzalo piensa que Jorge siempre _____.
3. Gonzalo dice que Susana _____.
4. Mientras habla con Jorge, Gonzalo _____.
5. El chico argentino del tercer piso y Susana _____.

3 **El final** Jorge decide encontrarse con Susana. Imagina un final para la historia y escribe tu propia versión. Llévala a clase para compartirla con tus compañeros. ¡Sé creativo!

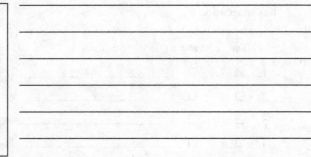

_____

_____

_____

_____

_____

_____

_____

_____

_____

_____

_____

Lab Manual

PRONUNCIACIÓN

Linking

Spanish often links words together based on the last sound of one word and the first sound of the next one. This tendency is why, when listening to native speakers, it may seem difficult to determine where one word ends and the next begins.

Vowel + same vowel

When one word ends with a vowel and the next word begins with the same vowel or same vowel sound, the two identical vowels fuse and sound as a single vowel. Listen to the following examples and repeat them after the speaker.

de entonces   **convertirse en**   **fue en**
llegada a   **para algunos**   **este examen**

Vowel + different vowel

When one word ends with a vowel and the next word begins with a different vowel or vowel sound, both sounds are pronounced as if they were one single syllable. Listen to the following examples and repeat them after the speaker.

puedo escribir   **como antes**   **políticamente incorrecto**
le importa   **nombre artístico**   **estudiaba ingeniería**

   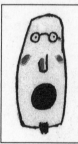 

Consonant + vowel

When one word ends with a consonant and the next word begins with a vowel or a vowel sound, it sounds as though the consonant were actually occurring at the beginning of the following syllable. Listen to the following examples and repeat them after the speaker.

el humor   **el último**   **grandes ojos**
un ejemplo   **las opiniones**   **al igual**

Lección 1 Lab Manual

VOCABULARIO

Ahora escucharás el vocabulario que está al final de esta lección en tu libro de texto. Escucha con atención cada palabra o expresión y después repítela.

CONTEXTOS

1 **Planes de fin de semana** Escucha lo que dicen Alicia y Pilar e indica en la tabla qué planes tiene cada una para el fin de semana.

	ir a un concierto de rock	jugar al tenis en un torneo	ir a bailar	descansar	salir con Ricardo
Alicia			✓		
Pilar					

2 **Alicia y Pilar** Ahora vuelve a escuchar los planes de Alicia y Pilar y contesta las preguntas con oraciones completas.

1. ¿En qué año de sus estudios está Alicia?
   Está en tercer año de medicina.

2. ¿Qué va a hacer Alicia el sábado por la noche?
   _____

3. ¿Qué va a hacer Alicia el domingo?
   _____

4. ¿Qué estudia Pilar Ramos?
   _____

5. ¿Cuándo va a participar Pilar en un torneo de tenis?
   _____

6. ¿Qué hace Pilar todos los sábados por la noche?
   _____

3 **Una conversación telefónica** Escucha la conversación telefónica entre Alicia y Pilar y determina si las oraciones son **ciertas** o **falsas**. Luego, corrige las falsas en el espacio indicado.

Cierto	Falso		
❏	❏	1.	Alicia está de buen humor cuando contesta el teléfono.
❏	❏	2.	Alicia reconoce la voz de la persona que llama por teléfono.
❏	❏	3.	Pilar se acuerda del cumpleaños de Alicia.
❏	❏	4.	El cumpleaños de Alicia es el sábado.
❏	❏	5.	Pilar y Ricardo son novios.
❏	❏	6.	Alicia no tiene mucho trabajo.

Lab Manual

ESTRUCTURA

2.1 Object pronouns

1 **Regalos de cumpleaños** Gonzalo está mirando los regalos de cumpleaños que Alicia va a recibir.
Escucha las preguntas de Gonzalo y responde según las pistas (*clues*).

> *modelo*
>
> Tú escuchas: ¿Quién le va a regalar este disco?
> Tú lees: Julia
> Tú escribes: *Se lo va a regalar Julia.*

1. (Juan y Luis) _____
2. (Pilar) _____
3. (Jorge) _____
4. (Su hermana) _____
5. (Sus primas) _____
6. (Su vecino del primer piso) _____

2 **¿Quién te lo va a regalar?** Alicia se entera de lo que sus amigos le van a regalar y se lo dice a su
amigo Roberto. Contesta estas preguntas de Roberto como si fueras Alicia.

> *modelo*
>
> Tú escuchas: ¿Quién te va a regalar un disco?
> Tú lees: Julia
> Tú escribes: *Me lo va a regalar Julia.*

1. (Juan y Luis) _____
2. (Pilar) _____
3. (Jorge) _____
4. (Mi hermana) _____
5. (Mis primas) _____
6. (Mi vecino del primer piso) _____

3 **La curiosidad de Jorge** Jorge está mirando las cosas que Alicia y su compañera tienen en su
habitación. Escucha sus preguntas y explícale para qué usan cada cosa o por qué la tienen.

> *modelo*
>
> Tú escuchas: ¿Qué hace Alicia con estos auriculares (*headphones*)?
> Tú contestas: *Se los pone para escuchar música cuando trabaja.*

1. _____
2. _____
3. _____
4. _____
5. _____

Lab Manual

2.2 *Gustar* and similar verbs

1   **¡Qué aburrido!**   Escucha una conversación entre Roberto y Rosa y contesta las preguntas.

1. ¿Qué le aburre a Roberto?
   Le aburren las fiestas de cumpleaños.

2. Según Rosa, ¿qué no le importa a Alicia?
   _____

3. ¿Cómo le cae Alicia a Roberto?
   _____

4. ¿Le gustan los conciertos a Roberto? ¿Por qué?
   _____

5. ¿Le gusta a Roberto ir al cine? ¿Cómo lo sabes?
   _____

2   **Adivina, adivinanza**   Vas a escuchar seis descripciones de personas famosas. Indica el número de la descripción que corresponde a cada famoso.

_____ Shaquille O'Neal (jugador de baloncesto)   _____ Christina Aguilera (cantante)

_____ Hillary Clinton (política)   _____ Tiger Woods (golfista)

_____ Penélope Cruz (actriz)   _____ Mick Jagger (cantante)

3   **Te toca a ti**   Escucha las preguntas y contéstalas con oraciones completas.

aburrir	fascinar	molestar
caer mejor	interesar	preocupar
faltar		

1. _____

2. _____

3. _____

4. _____

5. _____

6. _____

7. _____

8. _____

Lab Manual

2.3 Reflexive verbs

1 **¡Qué diferentes!** Vas a escuchar a Alicia hablar sobre sus dos amigos, Roberto y Jorge. Mira las ilustraciones y luego decide si lo que dice Alicia es **cierto** o **falso**.

Cierto Falso

1. ☑   ☐
2. ☐   ☐
3. ☐   ☐
4. ☐   ☐
5. ☐   ☐

Roberto   **Jorge**

2 **La rutina familiar** Tú recibiste una carta de Marta en la que cuenta la rutina diaria de su familia. Escucha un fragmento de la carta y empareja a las personas con sus actividades.

A	B
_____ 1. Andrés	a. Se levanta temprano para arreglarse.
_____ 2. Rosa	b. Se viste muy elegantemente.
_____ 3. Papá	c. Se olvida de quién es su familia.
_____ 4. Mamá	d. Se quita la ropa y se viste solo.
_____ 5. Alberto	e. Se ducha y se viste en quince minutos.
_____ 6. El abuelo	f. Se queja porque sólo hay un baño.

3 **Los fines de semana** Contesta las preguntas sobre tu rutina diaria durante los fines de semana con oraciones completas.

1. _____
2. _____
3. _____
4. _____
5. _____
6. _____

Lab Manual

PRONUNCIACIÓN Y ORTOGRAFÍA

Diéresis

As you already know, when the letter **g** is used before the vowels **e** or **i** it sounds like the letter **j.** When it is used before the vowels **a, o** and **u** it sounds like the **g** in **gato.**

Listen to the speaker and repeat each word.

gente　　　　**gimnasio**　　　　**pegamento**　　　　**argolla**　　　　**guajiro**

In order to maintain the sound of the **g,** as in **gato,** before the vowels **e** and **i,** you need to write a **u** between the **g** and the vowel. This **u** is never pronounced.

Listen to the speaker and repeat each word.

despegue　　　　**guitarra**　　　　**guerrero**　　　　**aguinaldo**

In words like **pingüino** or **lingüística** the **u** is pronounced. To indicate this in writing, two dots called **diéresis** are added above the **u.**

Listen to the speaker read a few words with **diéresis.** Look at the spelling carefully and repeat each word.

bilingüe　　　　**pingüino**　　　　**cigüeña**　　　　**lingüista**

The **diéresis** is also necessary when dealing with certain families of words, for example, when conjugating the verb **averiguar** or creating a diminutive from the noun **agua.** In cases like these, when the root word has a **g** pronounced like in **gato,** a **diéresis** is sometimes necessary to maintain the pronunciation of the **u.**

Listen to the speaker read pairs of words. Look at the spelling carefully and repeat each pair.

averiguar → **averigüé**
avergonzar → **avergüenzas**
agua → **agüita**
paraguas → **paragüitas**
antiguo → **antigüedad**

Lab Manual

VOCABULARIO

Ahora escucharás el vocabulario que está al final de esta lección en tu libro de texto. Escucha con atención cada palabra o expresión y después repítela.

CONTEXTOS

Lección 3
La vida diaria

1 **Las tareas de Mateo** El esposo de Amparo perdió su trabajo y ahora va a ocuparse de la casa. Escucha las instrucciones que Amparo le da a Mateo y ordena sus tareas según la información que escuches.

_____ a. barrer las escaleras

___1__ b. apagar la cafetera después de desayunar

_____ c. recoger unos dulces en la tienda de la esquina

_____ d. pasar la aspiradora en los cuartos de los niños

_____ e. quitarle el polvo a los muebles del salón

_____ f. sacar la carne congelada (*frozen*) del refrigerador

_____ g. ir a comprar al supermercado antes de las tres

_____ h. elegir productos baratos en el supermercado

_____ i. cambiar el foco (*light bulb*) de la lámpara de la cocina

2 **¡Que no se me olvide!** Escucha una lista de las instrucciones que Amparo le da a Mateo en la **actividad 1** y haz la lista como si fueras Mateo. Sigue el modelo.

> **modelo**
>
> Tú escuchas: Debes sacar la carne.
> Tú escribes: *Debo sacar la carne.*

1. _____

2. _____

3. _____

4. _____

5. _____

6. _____

7. _____

8. _____

3 **Ocho horas después** Son las cinco de la tarde y Amparo ya ha regresado del trabajo. Escucha la conversación que tiene con Mateo y elige la opción más adecuada para completar las oraciones.

1. Cuando Amparo regresa del trabajo, Mateo _____.
   a. está hablando con la vecina   b. está mirando la telenovela   c. está limpiando las ventanas

2. Amparo piensa que la vecina _____.
   a. debe trabajar más   b. siempre va arreglada   c. está enamorada de Mateo

3. A Mateo _____.
   a. le cae bien su vecina   b. le cae mal su vecina   c. le molesta su vecina

4. ¿Qué piensa Mateo sobre los dulces? _____.
   a. Le encantan   b. Los odia   c. Piensa que necesitan azúcar

5. Amparo piensa que Mateo _____.
   a. es asombroso   b. es muy tranquilo   c. es muy nervioso

Lab Manual

ESTRUCTURA

3.1 The preterite

1 **Para eso están los amigos** A la semana siguiente, Mateo llamó a dos amigos para que lo ayudaran a limpiar la casa. Escucha lo que Mateo le cuenta a Amparo cuando ella regresa del trabajo, e indica en la tabla quién hizo cada tarea.

	poner la comida en el refrigerador	separar los ingredientes para la comida	ir al supermercado	hervir las papas y los huevos	traer productos de limpieza
Mateo					
Paco					
José Luis					

2 **Preguntas** Vuelve a escuchar lo que Mateo le cuenta a Amparo en la **actividad 1** y contesta las preguntas.

1. ¿Cuándo llamó Mateo a sus amigos?
   Los llamó esta mañana.

2. ¿Dónde conoció Amparo a los amigos de Mateo?
   _____

3. ¿Por qué llegaron tarde a la fiesta?
   _____

4. ¿Qué quiere explicarle Mateo a Amparo?
   _____

5. ¿Qué hizo Paco cuando llegó?
   _____

3 **¿Y tú?** ¿Recuerdas qué hiciste la última vez que tuviste todo el apartamento para ti solo/a (*to yourself*)? Contesta las preguntas que escuches, explicando con detalles qué hiciste en cada situación.

1. _____
2. _____
3. _____
4. _____
5. _____
6. _____
7. _____
8. _____

Lab Manual

3.2 The imperfect

1 **Cuando era soltero...** Mateo está pensando en cómo era su vida antes de conocer a Amparo. Escucha lo que dice y después contesta las preguntas.

1. ¿Qué hacía Mateo todas las noches?
Salía con sus amigos.

2. ¿Limpiaba el apartamento a menudo?

3. ¿Cómo pagaba sus compras?

4. ¿Tenía dinero?

5. ¿Por qué lo pasaba fatal?

2 **El gran cambio de Amparo** Amparo, la esposa de Mateo, por fin se dio cuenta de que era un poco antipática con los demás, y decidió cambiar su actitud frente a la vida. Escucha lo que dice sobre las diferencias entre la Amparo de antes y la Amparo de ahora. Después, escribe cada acción en la columna correspondiente.

modelo
Tú escuchas: Antes me quejaba mucho, pero ahora no me molesta nada.
Tú escribes: Antes   Ahora
Se quejaba.   No le molesta nada.

ANTES   **AHORA**

3 **¿Cómo eras tú antes?** A medida que nos hacemos mayores, nuestra personalidad va cambiando poco a poco. Piensa en cómo eras tú cuando estabas en la escuela primaria. ¿Tenías la misma personalidad que ahora? Contesta las preguntas en el espacio indicado.

1.
2.
3.
4.

3.3 The preterite and the imperfect

1 **Un chico con suerte** Ricardo es un estudiante con poca experiencia que acaba de conseguir su primer trabajo. Escucha la conversación entre Ricardo y su novia Isabel sobre la entrevista e indica si las oraciones son **ciertas** o **falsas**.

Cierto	Falso	
❏	❏	1. Ricardo conoció a su nuevo jefe en la cafetería antes de la entrevista.
❏	❏	2. El señor Álvarez suele entrevistar personalmente a los candidatos.
❏	❏	3. El día de la entrevista la secretaria del señor Álvarez estaba de vacaciones.
❏	❏	4. Cuando era niño, el señor Álvarez vivió en Milán.
❏	❏	5. La señora Álvarez habla francés porque vivió muchos años en París.
❏	❏	6. La señora Álvarez estudió ingeniería.
❏	❏	7. El señor Álvarez antes era agricultor, pero ahora trabaja en un banco.
❏	❏	8. El señor y la señora Álvarez se mudaron hace poco a una casa nueva en el campo.

2 **Preparativos para la cena** Escucha lo que cuenta Isabel sobre la cena y completa la narración en pasado, utilizando los verbos de la lista en su forma correcta.

acostarse	enfadarse	hacer	limpiar	no hacer	poner	tener
comenzar	estar	lavar	mirar	ordenar	prestar	

Ayer Ricardo e Isabel 1) _____ una cena y 2) _____ la casa. Isabel

3) _____ el baño y Ricardo la cocina. Pero, mientras Isabel 4) _____ la

cena, Ricardo 5) _____ la televisión. Isabel 6) _____ muchísimo. Luego,

Ricardo 7) _____ la mesa, pero 8) _____ nada más. Afortunadamente,

la casa 9) _____ ordenada cuando llegaron los invitados. Cuando acabaron de cenar,

10) _____ a llover e Isabel les 11) _____ un paraguas. Ricardo no

12) _____ hasta las once porque 13) _____ los platos.

3 **Una cena divertida** Isabel y Ricardo lo pasaron muy bien anoche. Escucha de nuevo las conversaciones de la **actividad 1** y la **actividad 2** y, con toda la información que tienes, completa estas oraciones.

1. El Señor Álvarez _____ cuando _____.

2. El día de la entrevista, _____.

3. La señora Álvarez _____.

4. Ricardo está contento porque _____.

5. Ricardo e Isabel _____.

6. Isabel _____.

PRONUNCIACIÓN

The sounds of p, t, and k

As you might recall, no consonant in Spanish is accompanied by the puff of air that the sounds of **p**, **t**, and **k** make in English when they occur at the beginning of a word. Place your hand directly in front of your lips and say the English words *pit*, *top*, and *car*. You should notice a puff of air that is released along with the initial consonant. This puff of air should never occur in Spanish. Instead, in Spanish these sounds should resemble the **p**, **t**, and **k** following the initial **s** of English *spit*, *stop*, and *scar*. Notice that no puff of air is released in these cases. Place your hand directly in front of your lips again, and compare the difference: *pit*, *spit*; *top*, *stop*; *car*, *scar*.

Listen to the speaker pronounce the following Spanish words and repeat them, focusing on the **p** sound.

proponer	princesa	perdón	paja	palacio
Pedro	patio	pintar	plato	pobre

Now listen to the speaker and repeat, focusing on the **t** sound.

tantos	terror	tirano	típico	tampoco
trabajo	tranquilo	temas	triunfo	tropa

Now listen to the speaker and repeat, focusing on the **k** sound. Remember that in Spanish a **c** before a consonant or the vowels **a**, **o**, and **u** sounds like **k**.

carne	color	campo	comida	casa
cuchillo	conspiración	cansancio	cuadro	común

Trabalenguas

Ahora que ya tienes práctica con la pronunciación básica de estos sonidos, es el momento de practicar con materiales más avanzados, como un trabalenguas. Presta atención a la pronunciación del narrador y repite cada trabalenguas tantas veces como sea necesario, hasta leerlo completo sin detenerte.

1. **Poquito a poquito Paquito empaca poquitas copitas en pocos paquetes.**

2. **Qué colosal col colocó en aquel local el loco aquel.**

3. **Treinta tramos de troncos trozaron tres tristes trozadores de troncos y triplicaron su trabajo.**

Lab Manual

VOCABULARIO

Ahora escucharás el vocabulario que está al final de esta lección en tu libro de texto. Escucha con atención cada palabra o expresión y después repítela.

CONTEXTOS

Lección 4

La salud y el bienestar

1   Identificación Escucha las siguientes definiciones de palabras o expresiones relacionadas con la salud. Después, escribe el número de la descripción correspondiente a cada una de las palabras de la lista.

_1_ a. tener fiebre	_____ d. cirujano/a	_____ g. consultorio
_____ b. vacuna	_____ e. obesidad	_____ h. jarabe
_____ c. sano/a	_____ f. relajarse	_____ i. desmayarse

2   En el consultorio del médico Escucha la conversación entre el doctor Pérez y Rosaura, una profesora universitaria. Después, indica todos los síntomas que menciona Rosaura en la conversación.

_____ malestar general	_____ ansiedad	_____ dolor de espalda
_____ tos continua	_____ la tensión baja	_____ depresión
_____ la tensión alta	_____ fiebre alta	_____ vómitos

3   La salud de Rosaura Ahora escucha otra conversación entre el doctor Pérez y Rosaura e indica si las oraciones son **ciertas** o **falsas**. Corrige las falsas.

Cierto   Falso

❑   ❑   1. Manuela del Campo es una cirujana.

_____

❑   ❑   2. El doctor Pérez quiere que Rosaura hable con Manuela.

_____

❑   ❑   3. A Rosaura no le gustan los doctores como Manuela porque piensan que ella es tonta.

_____

❑   ❑   4. Rosaura piensa hacer muchas consultas a la psiquiatra.

_____

❑   ❑   5. Rosaura va a llamar al doctor Pérez la próxima semana para contarle todo.

_____

❑   ❑   6. Para el doctor Pérez, el trabajo es tan importante como la salud.

_____

4   ¿Cómo estás? Ahora, el doctor Pérez quiere hacerte unas preguntas sobre tu salud general. Escucha sus preguntas y responde en el espacio indicado.

1. _____

2. _____

3. _____

4. _____

Lab Manual

ESTRUCTURA

4.1 The subjunctive in noun clauses

1 **Demasiados enfermos** Claudia, una estudiante de medicina, está pasando el fin de semana en casa de sus padres. Toda su familia está enferma menos ella; por eso, tiene que ocuparse de sus padres, sus abuelos y sus hermanitos. Escucha las instrucciones que ella le da a cada persona enferma y después conecta cada instrucción de la columna B con la persona correspondiente de la columna A.

A	**B**
papá	_____papá_____ a. dejar de fumar inmediatamente
abuelo	_____ b. no beber más café
abuela	_____ c. tomarse la temperatura cada dos horas
mamá	_____ d. terminarse toda la sopa
Jorge	_____ e. meterse en la cama
Luis	_____ f. tomarse dos aspirinas con agua
Carmen	_____ g. llamar al médico si se siente peor

2 **Yo te recomiendo** Ahora Claudia tiene gripe y te ha contratado (*hired*) para que cuides a toda su familia. Vuelve a escuchar lo que dice Claudia en la **actividad 1** y escribe consejos para todos. Usa cada palabra de la lista una sola vez.

> **modelo**
> *Tú escuchas:* Quiero que dejes de fumar inmediatamente.
> *Tú escribes:* Le sugiero que no fume.

1. Madre: _____
2. Carmen: _____
3. Abuela: _____
4. Jorge: _____
5. Luis: _____
6. Abuelo: _____

aconsejar
es importante
es necesario
es urgente
recomendar
sugerir

3 **Consejos para don José** Don José está muy estresado porque lleva un estilo de vida muy agitado. Escucha los consejos que le da un médico y luego completa la tabla con la información que escuches.

Objetivos	Recomendaciones
1. Para mantenerse en forma,	1. _____
2. _____	2. es necesario que consuma frutas y verduras diariamente.
3. _____	3. le sugiero que sea organizado y que no trabaje tantas horas extras.
4. Para disfrutar más tiempo con su familia,	4. _____
5. _____	5. les aconsejo que se reserven tiempo para descansar y divertirse juntos.

Lab Manual

4.2 Commands

1 **Los consejos de César** César es un estudiante de medicina que está haciendo prácticas en un hospital. Escucha los consejos que le da César a una paciente sobre la salud y el bienestar e indica si son **lógicos** o **ilógicos**.

	lógico	ilógico		lógico	ilógico
1.	X		6.		
2.			7.		
3.			8.		
4.			9.		
5.			10.		

2 **¡A trabajar!** El doctor Arenas está enfadado por los consejos que da César a sus pacientes. Escucha lo que el doctor le dice a César e indica las tareas que tiene que hacer César. Luego, escribe los mandatos que da el doctor.

1. ___✓___ anotar las instrucciones
Anote las instrucciones.

2. _____ ayudar a la recepcionista

3. _____ ir al restaurante

4. _____ subir al primer piso

5. _____ llevar los paquetes al correo

6. _____ servirle la comida a los pacientes

7. _____ ordenar los papeles en mi oficina

8. _____ preparar los informes semanales

9. _____ divertirse

10. _____ limpiar el quirófano

3 **Que lo haga otra persona** César le está dando mandatos a un ayudante, pero el ayudante no quiere colaborar. Escucha los mandatos de César y escribe los mandatos indirectos con los que el ayudante le responde. Sigue el modelo.

> **modelo**
> *Tú escuchas:* Pon las vendas en el armario.
> *Tu lees:* (las enfermeras)
> *Tú escribes:* Que las pongan las enfermeras.

1. (su secretaria) _____

2. (el enfermero nuevo) _____

3. (los otros ayudantes) _____

4. (la recepcionista) _____

5. (el voluntario) _____

6. (un especialista) _____

Lab Manual

4.3 *Por* and *para*

1 **¿Quién es?** Escucha las oraciones y escribe el número de cada una al lado de la persona que crees que la ha dicho.

_____ a. deportista   _____ e. farmacéutico

_____ b. cirujano plástico   _____ f. enfermera

_____ c. paciente   _____ g. investigador científico

_____ d. estudiante de medicina   _____ h. médico con experiencia

2 **Confesiones de una estudiante de medicina** Escucha la conversación entre la estudiante de medicina Amelia Sánchez y su amiga Carlota, y contesta las preguntas con oraciones completas.

1. ¿A dónde va Amelia todos los días por la mañana? ¿A qué hora?

    _____

2. ¿Para quién debe preparar mil cosas?

    _____

3. Para ella, ¿qué es lo más importante de su profesión?

    _____

4. ¿Qué le gusta hacer por las tardes a Amelia para relajarse?

    _____

5. ¿Para quién trabaja Carlota?

    _____

6. ¿Por qué Amelia estudia medicina?

    _____

3 **¿Medicina?** Vuelve a escuchar la actividad anterior e imagina el día más difícil de Amelia Sánchez en el hospital. Escribe una composición usando al menos cinco de las expresiones de la lista.

para colmo	por casualidad	por más/mucho que
por eso	por fin	por lo visto
por primera vez	por lo general	

_____
_____
_____
_____
_____
_____
_____
_____
_____

Lab Manual

The sounds of r and rr

As you might recall, Spanish has two **r** sounds, neither of which resembles the English **r**.

The sound of the single *r*

When it occurs between vowels or at the end of a syllable, the sound of a single **r** in Spanish is produced with a single tap of the tip of the tongue on the ridge behind the upper front teeth. This sound is equivalent to the sound spelled *t, tt, d,* and *dd* in standard American English in words like *eating, butter, leading,* and *caddy.* Focus on the position of your tongue and teeth as you listen to the speaker, and repeat each word.

mujeres	**periodismo**	**formaron**	**cuerpo**	**cerámica**
poder	**curativo**	**conquistar**	**enfermedad**	**aparición**

The sound of the double *rr*

In words spelled with a double **rr**, as well as in those spelled with a single **r** occurring at the beginning of the word, the sound is pronounced as a trilled **rr**. The trill sound is produced by rapidly moving the tip of the tongue against the ridge behind the upper front teeth. This trill is also the case when the **r** sound appears after the letters **l** or **n**. Listen to the speaker and repeat each word, paying attention to the position of your tongue and teeth.

arráncame	**desenterrar**	**alrededor**	**recetar**	**enredar**
rebelión	**resultado**	**desarrollar**	**ruego**	**guerra**

Many words in Spanish differ from each other only through the **r** and **rr** sounds. It is important that you practice the right sound for each one to avoid being misunderstood. Listen to the speaker and repeat each one of these pairs.

coro/corro	**moro/morro**	**pero/perro**	**perito/perrito**

Further practice

Now that you have had the chance to focus on your pronunciation, listen as the speaker says the following sentence and repeat.

¿Cuánta madera roería un roedor si los roedores royeran madera?

VOCABULARIO

Ahora escucharás el vocabulario que está al final de esta lección en tu libro de texto. Escucha con atención cada palabra o expresión y después repítela.

CONTEXTOS

1 **Viajes organizados** Escucha un anuncio de radio sobre viajes organizados y después completa las oraciones.

1. La agencia *Escape* prepara mini-vacaciones para ___ *profesionales ocupados y estresados* ___.

2. Esta semana la agencia tiene _____ paquetes de oferta.

3. Playa Dorada es una isla privada en _____.

4. La excursión de montaña es en el estado de _____.

5. El _____ es muy pintoresco y lleno de encanto.

6. El precio de la _____ de montaña es sólo por noventa y nueve dólares por persona.

2 **Un viaje cultural** Ahora escucha otro anuncio de radio e indica qué ofrece el viaje descrito.

_____ visita exclusiva al Museo de Arte Moderno de Nueva York

_____ guía turístico bilingüe

_____ viajes en taxi

_____ estancia en un hotel en Boston

_____ una cena romántica

_____ servicio de habitación las veinticuatro horas

_____ minibar y caja fuerte en el hotel

_____ limusina y entradas para ver un musical

3 **A mí me interesa** Vuelve a escuchar los anuncios de radio de las **actividades 1** y **2** y escribe un párrafo breve explicando cuál de las tres opciones —la playa, la montaña o el museo— te interesa más. Usa al menos seis palabras de la lista.

a bordo	ecoturismo	itinerario
alojarse	excursión	lejano/a
buceo	hacer un viaje	quedarse
campamento	incluido	recomendable
destino	isla	regresar

_____

_____

_____

_____

_____

_____

_____

_____

_____

_____

Lab Manual

ESTRUCTURA

5.1 Comparatives and superlatives

1 **Cuántos recuerdos** Steve y María están de vacaciones. Después de cenar, los dos amigos van a dar un paseo por Chilapas, el pueblecito donde se hospedan. Escucha su conversación y después indica si cada una de estas afirmaciones es **cierta** o **falsa**.

Cierto	Falso	
❏	❏	1. A María el pueblo mexicano le recuerda su viaje a España.
❏	❏	2. Según María, Albarracín es un pueblo más grande que Chilapas.
❏	❏	3. En Chilapas hay menos flores que en Albarracín.
❏	❏	4. Las calles de Albarracín son más estrechas que las de Chilapas.
❏	❏	5. La gente de Albarracín es tan simpática como la de Chilapas.
❏	❏	6. Steve piensa que María no tiene más oportunidades que él para viajar.

2 **¿Cuál te gusta más?** Observa las diferencias entre las dos casas de la ilustración y después contesta las preguntas usando comparaciones.

Familia López   **Familia Brito**

1. _____
2. _____
3. _____
4. _____
5. _____

3 **¿Cuál prefieres?** Piensa en el lugar donde vives y en el último lugar donde fuiste de vacaciones. ¿Cuál prefieres? Escucha las preguntas y contesta según tu opinión. Usa estructuras comparativas y superlativas.

> **modelo**
>
> *Tú escuchas:* ¿Cuál de los dos lugares te gusta más?
> *Tú escribes:* Me gusta más mi ciudad que el lugar *donde estuve de vacaciones.*

Nombre de mi ciudad: _____   Nombre del lugar turístico: _____

1. _____
2. _____
3. _____
4. _____
5. _____
6. _____

Lab Manual

5.2 The subjunctive in adjective clauses

1 **Los planes de Celia** Celia quiere ir de viaje a algún lugar exótico y le deja un mensaje en el contestador a Elisa, una amiga que trabaja en una agencia de viajes. Escucha el mensaje y complétalo con las partes que faltan. Utiliza las palabras de la lista y haz los cambios necesarios.

descansar	hablar	practicar	resultar	tener
estar	no ser	relajar	ser	viajar

Hola, Elisa:

Soy Celia y estoy planeando hacer un viaje exótico para conocer otra cultura. Quiero visitar algún lugar que no 1) _____ muy turístico. Me gustaría conocer culturas que 2) _____ otro idioma y que 3) _____ costumbres distintas. Lamentablemente, no tengo amigos que 4) _____ ahora mismo de vacaciones, así que tengo que viajar sola. Por eso, prefiero un viaje organizado con un guía que hable español. Eso sí, que no 5) _____ muy caro. Ya sabes, tampoco tengo tanto dinero. ¡Ah! Quiero que el viaje me 6) _____ . Con tanto trabajo, necesito descansar un poco, ¿no? ¿Tienes algún folleto que pueda mirar para informarme más?

2 **Una idea original** Elisa llama a Celia por teléfono para hablar sobre su viaje y darle más detalles. Escucha su conversación e indica si las oraciones son **ciertas** o **falsas.** Corrige las falsas usando el indicativo o el subjuntivo.

Cierto Falso

❑ ❑ 1. Celia necesita un viaje que la ayude a desconectar y relajarse.

_____

❑ ❑ 2. Elisa tiene un viaje que le puede interesar a Celia.

_____

❑ ❑ 3. Hay un viaje especial pero no es muy popular.

_____

❑ ❑ 4. La compañía de viajes *Atrévete* ofrece un viaje organizado que se llama *No te aburras.*

_____

❑ ❑ 5. A Celia no le gusta que la sorprendan.

_____

❑ ❑ 6. La compañía de viajes *Atrévete* busca personas que sean organizadas y metódicas.

_____

❑ ❑ 7. En este viaje el viajero no tiene mucha información sobre el destino.

_____

❑ ❑ 8. El viajero no sabe qué día regresa.

_____

3 **Un viaje muy especial** Ahora escucha otra vez la conversación de la **actividad 2** y contesta las preguntas con oraciones completas. Usa el infinitivo o subjuntivo según corresponda.

1. ¿Qué tipo de lugar quiere visitar Celia? _____

2. ¿Qué crees que va a decidir Celia al final? _____

3. ¿Harías el viaje que organiza la compañía de viajes *Atrévete*? ¿Por qué?

_____

5.3 Negative and positive expressions

1 | **Viajeros muy diferentes** Ricardo y Elvira son estudiantes universitarios y tienen que buscar opciones para el viaje de fin de curso. El problema es que cada uno tiene gustos muy distintos. Escucha los comentarios y transforma los afirmativos en negativos y los negativos en afirmativos.

1. _____
2. _____
3. _____
4. _____
5. _____
6. _____

2 | **Ideas para el viaje de fin de curso** Ricardo y Elvira se han reunido con otros dos compañeros de clase para tomar una decisión sobre su viaje de fin de curso. Escucha lo que dice cada uno y elige la mejor opción para completar cada oración.

_____ 1. a. o yo no voy al viaje.
       b. o me compro unos zapatos.

_____ 2. a. no tengo dinero.
       b. ni la naturaleza en general.

_____ 3. a. un viaje cultural.
       b. mal tiempo.

_____ 4. a. escuchar a nadie.
       b. tomar una decisión.

_____ 5. a. llegar (*reach*) a ninguna decisión.
       b. ni aprobar el examen.

_____ 6. a. también
       b. tampoco

3 | **No me gusta nada** Después de la charla con sus compañeros, Ricardo se siente muy frustrado y todo le parece mal. Escucha las preguntas y escribe las respuestas negativas que daría Ricardo. Sigue el modelo.

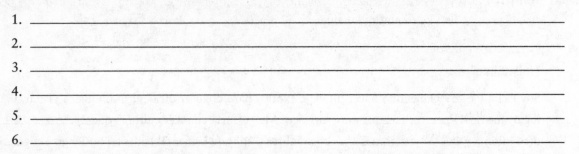

> **modelo**
>
> *Tú escuchas:* ¿Quieres viajar en temporada alta o en temporada baja?
> *Tú escribes:* No quiero viajar ni en temporada alta ni en temporada baja.

1. _____
2. _____
3. _____
4. _____
5. _____
6. _____
7. _____

VOCABULARIO

Ahora escucharás el vocabulario que está al final de esta lección en tu libro de texto. Escucha con atención cada palabra o expresión y después repítela.

Lab Manual

CONTEXTOS

Lección 6
La naturaleza

1 **Identificación** Escucha el siguiente segmento de un programa de noticias. Después, marca las palabras de la lista que se mencionan.

_____ arrecife   _____ olas

_____ costas   _____ relámpagos

_____ sequía   _____ río

_____ huracán   _____ tormentas

_____ inundaciones   _____ truenos

2 **El medio ambiente** La universidad ha organizado tres programas para los estudiantes interesados en conservar y proteger el medio ambiente. Escucha en qué consiste cada programa y después indica dos datos específicos que escuchaste sobre cada programa.

Energía limpia	Mar azul	No a la crueldad
1. buscar alternativas a la energía eléctrica	1. _____	1. _____
2. _____	2. _____	2. _____

3 **Para un mundo mejor** Vuelve a escuchar la información sobre los programas medioambientales para voluntarios de la **actividad 2**, y después contesta las preguntas.

1. ¿Cuál es el objetivo del programa *Energía limpia*?

_____

2. ¿A qué tipo de persona le puede interesar el programa *Mar azul*?

_____

3. ¿Para qué visitarán los voluntarios de *Mar azul* a los empresarios locales?

_____

4. ¿Qué deben llevar consigo los voluntarios para registrarse en la reunión de *Mar azul*?

_____

5. ¿Quiénes dirigen el programa *No a la crueldad*?

_____

6. Según el locutor, ¿quiénes tienen el deber de cuidar la Tierra?

_____

Lab Manual

ESTRUCTURA

6.1 The future tense

1 **Un futuro aterrador** Rappel es uno de los futurólogos europeos más famosos. Escucha sus predicciones para el futuro del planeta Tierra y después escribe por lo menos dos situaciones que Rappel predijo *(foresaw)* para cada uno de los temas.

Los bosques

No tendrán animales _____

_____

_____

Los océanos

_____

_____

_____

Los seres humanos

_____

_____

_____

2 **¿Qué harás?** Rappel quiere saber si tú estás dispuesto a colaborar para evitar estas catástrofes de las que te ha hablado. Escucha sus preguntas y contesta en el espacio indicado.

1. _____
2. _____
3. _____
4. _____
5. _____
6. _____

3 **El futuro** Ahora, escribe un breve párrafo con tus propias predicciones sobre el futuro. ¿Será tan malo y tan oscuro como el futuro que predijo Rappel? ¿Qué grandes cambios ocurrirán en tu vida?

Para el año 2050, yo pienso que...

_____

_____

_____

_____

_____

_____

_____

_____

_____

_____

Lab Manual

6.2 The subjunctive in adverbial clauses

1 **Voluntarios para salvar el mundo** Lupita trabaja para una organización ecologista que está preparando un programa de educación medioambiental en las escuelas secundarias. Escúchala y luego completa lo que dice con los verbos apropiados.

Hola, chicos: Soy Lupita y trabajo para la organización ecologista *Jóvenes verdes*. Hoy quiero hablarles de los problemas que tiene el planeta y la naturaleza. En primer lugar, el agua será un recurso escaso en las próximas décadas a menos que nosotros 1) _____ serias medidas al respecto. También debemos proteger los mares y los océanos antes de que 2) _____ las especies marinas porque su supervivencia es fundamental para el ecosistema. En caso de que no 3) _____ los servicios de transporte público, nosotros tenemos que exigir que 4) _____ la compra de carros que usen combustibles alternativos. No podemos seguir ensuciando el planeta sin que nuestra Madre Naturaleza 5) _____. Es necesario tomar medidas drásticas antes de que 6) _____ demasiado tarde. Aunque las medidas 7) _____ difíciles de poner en práctica, lo cierto es que nuestro futuro depende de nuestras acciones. Mientras nosotros 8) _____ de brazos cruzados, numerosas especies irán desapareciendo y por eso debemos actuar inmediatamente.

2 **Un folleto con errores** Lupita está preparando un folleto con medidas para cuidar el medio ambiente. Escucha sus ideas e indica si son **lógicas** o **ilógicas**. Luego, vuelve a escucharlas para corregir las ilógicas. Usa oraciones adverbiales con subjuntivo y empieza cada una con **Es necesario**.

1. lógica / (ilógica) Es necesario usar el transporte público **siempre que podamos**.
2. lógica / ilógica _____
3. lógica / ilógica _____
4. lógica / ilógica _____
5. lógica / ilógica _____
6. lógica / ilógica _____
7. lógica / ilógica _____
8. lógica / ilógica _____

3 **¿Soy ecologista?** ¿Te gustaría unirte al equipo de *Jóvenes verdes*? Escucha las preguntas y contesta usando las conjunciones indicadas.

> **modelo**
> *Tú escuchas:* ¿Utilizas el transporte público o prefieres el carro?
> *Tú lees:* (a menos que)
> *Tú escribes:* Utilizo el transporte público a menos que no sea posible.

1. (en cuanto) _____
2. (para que) _____
3. (después de que) _____
4. (tan pronto como) _____
5. (con tal de que) _____
6. (a pesar de que) _____

Lab Manual

6.3 Prepositions: *a, hacia,* and *con*

1 **Un viaje diferente** Mateo trabaja para una compañía especializada en viajes ecológicos y turismo alternativo para jóvenes. Ahora está planeando un viaje a Puerto Rico. Escucha lo que le cuenta a Imelda, su compañera de oficina, y selecciona la opción más lógica para completar cada oración.

1. Los viajeros siempre visitan _____
   a. Ponce.   b. Vieques y el Yunque.   c. Isla Culebra.

2. Mateo siempre les dice a sus clientes que va a organizar un viaje a _____
   a. Tiburón.   b. La Parguera.   c. Isla Culebra.

3. Mateo sabe que también cuenta con _____
   a. el observatorio de Arecibo.   b. Borinquén.   c. Río Piedras.

4. Mateo está decidido a cambiar la actitud tradicional hacia _____
   a. los recursos naturales.   b. el turismo.   c. El Morro.

5. Mateo quiere contar con _____
   a. los clientes.   b. Imelda.   c. San Juan.

2 **Las maravillas de la naturaleza** Mateo está pensando en los encantos naturales de Puerto Rico y decide llamar a su abuela puertorriqueña para compartir sus ideas. Escucha su conversación y completa las oraciones con las preposiciones **a, hacia** y **con** según corresponda. Luego indica si las oraciones son **ciertas** o **falsas**.

Cierto	Falso	
❏	❏	1. La abuela de Mateo habló ayer _____ su hija.
❏	❏	2. La abuela de Mateo vuelve de la playa _____ las tres.
❏	❏	3. Mateo quiere ir _____ la Isla Culebra y a la playa de la Parguera en su nuevo viaje.
❏	❏	4. La abuela cree que Mateo debe llevar _____ los viajeros _____ los cafetales.
❏	❏	5. La abuela estuvo en la playa de la Parguera _____ Mateo hace unos años.
❏	❏	6. La abuela le dice que recuerda caminar _____ la playa con su esposo.
❏	❏	7. Mateo quiere ir _____ los arrecifes de coral.

3 **Mis espacios naturales** Imagina que la empresa de Mateo te contrata para organizar viajes ecológicos en el lugar donde vives. Contesta las preguntas con las preposiciones **a, hacia** y **con.**

1. _____
2. _____
3. _____
4. _____

VOCABULARIO

Ahora escucharás el vocabulario que está al final de esta lección en tu libro de texto. Escucha con atención cada palabra o expresión y después repítela.

Lab Manual

¡BIENVENIDA, MARIELA!

Lección 1

Antes de ver el video

1 **¿Qué están diciendo?** En la primera lección, los empleados de la revista *Facetas* conocen a Mariela, una nueva compañera de trabajo. Observa esta imagen y haz predicciones sobre lo que está ocurriendo.

_____

_____

_____

_____

_____

_____

Mientras ves el video

2 **Completar** Completa las conversaciones con lo que escuchas en el video.

1. **JOHNNY** En estos momentos _____ en el _____.

   DIANA ¡No! Di que _____ _____ con un cliente.

2. **JOHNNY** Jefe, _____ un mensaje de Mariela Burgos.

   AGUAYO _____ a reunirse con nosotros.

3. **JOHNNY** Perfecto. Soy el _____ Juan Medina.

   ÉRIC _____ a *Facetas*, señor Medina.

4. **AGUAYO** Hay que ser _____ al contestar el teléfono.

   DIANA Es una _____.

5. **DIANA** Me han hablado tanto de ti, que estoy _____ por conocer tu propia versión.

   MARIELA Estudio en la UNAM y _____ de una familia grande.

6. **FABIOLA** ¿Qué te _____?

   ÉRIC Creo que es bella, _____ e inteligente.

3 **¿Quién hace esto?** Escribe el nombre del personaje (o de los personajes) que hace(n) cada una de estas acciones.

1. Ordena una pizza. _____

2. Le presenta el equipo de empleados a Mariela. _____

3. Contesta el teléfono. _____

4. Da su opinión sobre Mariela. _____

5. Hacen una demostración de cómo recibir a un cliente. _____

Video Manual

Después de ver el video

4 **Corregir** Estas oraciones son falsas. Reescríbelas con la información correcta.

1. Diana les da a sus compañeros copias de la revista *Facetas*.

   _____

2. Aguayo les explica a sus empleados cómo contestar una carta.

   _____

3. Mariela ordena una pizza porque tiene hambre.

   _____

4. Mariela viene de una familia pequeña de sólo dos hijos.

   _____

5. Al final, Fabiola y Johnny hablan de comida.

   _____

5 **En tu opinión** Contesta estas preguntas.

1. ¿Crees que Johnny y Éric deben cambiar sus actitudes en el trabajo? Explica.

   _____

   _____

2. ¿Qué empleado/a de la oficina es más serio/a? ¿Quién es el/la más divertido/a? ¿Por qué?

   _____

   _____

3. ¿Cuál de los personajes tiene el trabajo más interesante? ¿Por qué?

   _____

   _____

4. ¿Cómo es la relación de los empleados con Aguayo? Explica tu respuesta.

   _____

   _____

5. Mariela tiene una familia muy grande. ¿Y tú? ¿Cómo es tu familia?

   _____

   _____

6 **Escribir** Hay seis personajes principales en el video. Elige a dos de ellos y luego escribe una descripción que incluya características físicas, de la personalidad y tu impresión personal de cada uno. Escribe al menos tres oraciones sobre cada uno.

   _____

   _____

   _____

   _____

   _____

   _____

   _____

   _____

Video Manual

¡TENGO LOS BOLETOS!   # Lección 2

Antes de ver el video

1   **¿Qué boletos?** Mariela tiene unos boletos (*tickets*) en la mano. ¿Para qué evento crees que serán? ¿Invitará a alguna persona de la oficina? Imagina una conversación entre Mariela, Aguayo y Fabiola.

_____

_____

_____

_____

_____

_____

_____

Mientras ves el video

2   **¡Es viernes!** Escucha con atención la conversación entre Johnny y Éric e indica cuáles de estas palabras o verbos se mencionan.

1. _____ el cine   5. _____ divertirse
2. _____ el concierto   6. _____ el fútbol
3. _____ la fiesta   7. _____ la discoteca
4. _____ el teatro   8. _____ aburrirse

3   **Completar** Escucha con atención esta conversación entre Éric y Diana. Luego, completa las oraciones.

ÉRIC   Diana, ¿te puedo 1) _____ un 2) _____?

DIANA Estoy algo 3) _____.

ÉRIC   Es que se lo 4) _____ que contar a una 5) _____.

DIANA Hay dos 6) _____ más en la oficina.

ÉRIC   Temo que se rían 7) _____ se lo cuente.

DIANA ¡Es un 8) _____!

ÉRIC   Temo que se rían de 9) _____ y no del 10) _____.

DIANA ¿Qué te hace 11) _____ que yo me voy a 12) _____ del chiste y no de ti?

ÉRIC   No sé, ¿tú eres una 13) _____ seria?

DIANA ¿Y por qué se lo tienes que 14) _____ a una 15) _____?

ÉRIC   Es un 16) _____ para conquistarlas.

Video Manual

Después de ver el video

4 **¿Por qué?** Contesta estas preguntas sobre el estado de ánimo de los personajes.

1. ¿Por qué Éric está tan triste y deprimido?

_____

2. ¿Qué consejo le da Johnny a Éric para enamorar a una mujer?

_____

3. ¿Por qué Mariela está tan entusiasmada y feliz?

_____

4. ¿Por qué se ríe tanto Diana?

_____

5 **¿Qué dicen exactamente?** Las siguientes oraciones son incorrectas. Léelas con atención y luego reescríbelas con la información correcta.

1. Éric está con cara triste porque está enfermo.

_____

2. ¡Anímate! Es mitad de mes.

_____

3. Necesitas aburrirte.

_____

4. Tienes que contarles mentiras.

_____

5. *Conexión.* Aquí tengo el disco compacto. ¿Lo quieren ver?

_____

6. Deséenme buen viaje.

_____

7. ¿Alguien tiene café?

_____

8. ¿Lo hiciste tú o sólo lo estás bebiendo?

_____

6 **Piropos o chistes** Johnny le dice a Éric que, para atraer a las chicas, hay que contarles chistes. Otra estrategia para conquistarlas es decirles piropos (*compliments*) graciosos. Escribe un chiste o un piropo que tú le dirías a una persona para conquistarla.

_____

_____

_____

_____

_____

_____

Video Manual

¿ALGUIEN DESEA AYUDAR?

Lección 3

Antes de ver el video

1 **¡Estoy a dieta!** Diana regresa del almuerzo con unos dulces. ¿Sobre qué crees que están hablando Diana, Aguayo y Mariela? Inventa una pequeña conversación entre ellos.

_____

_____

_____

_____

_____

_____

Mientras ves el video

2 **¿Cierto o falso?** Escucha con atención la primera parte del video e indica si las siguientes oraciones son ciertas o falsas.

Cierto **Falso**

❏ ❏ 1. Diana odia los fines de semana.

❏ ❏ 2. Fabiola y Diana siempre discuten los lunes.

❏ ❏ 3. Los hijos de Diana la ayudan con las tareas del hogar.

❏ ❏ 4. Fabiola va de compras con la hija mayor de Diana.

❏ ❏ 5. Diana no supervisa los gastos de sus hijos.

❏ ❏ 6. La suegra de Diana perdió la tarjeta de crédito.

3 **Completar** Escucha lo que dicen Aguayo y sus empleados. Luego completa las oraciones.

almorcé	comí	limpieza
almuerzo	enfermo	llegué
aspiradora	esfuerzo	quieres
ayudarte	estuviste	traje

1. El señor de la _____ dejó un recado (mensaje) diciendo que está _____.

2. Voy a pasar la _____ a la hora del _____.

3. Les _____ unos dulces para premiar su _____.

4. Qué pena que no _____ a tiempo para _____.

5. Lo mismo digo yo. Y eso que _____ tan de prisa que no comí postre.

6. Tienes lo que _____ y yo también. Por cierto, ¿no _____ en el dentista?

Video Manual

Después de ver el video

4 **Excusas** Aguayo pide ayuda a sus empleados para limpiar la oficina, pero todos tienen una excusa. Completa las siguientes oraciones, escribiendo cuál es la excusa de cada personaje.

1. Fabiola no puede ayudar porque _____

2. Diana no puede ayudar porque _____

3. Éric no puede ayudar porque _____

4. Johnny no puede ayudar porque _____

5 **¡Qué buena es Mariela!** Mariela es la única que ayuda a Aguayo a limpiar la oficina. Escribe todas las tareas que hacen entre los dos. Luego, inventa otras tareas que podrían haber hecho.

_____

_____

_____

_____

6 **Limpiar y desinfectar** Escribe un párrafo de al menos diez líneas indicando qué tareas hiciste la última vez que limpiaste y ordenaste tu casa. Puedes usar los verbos de la lista.

barrer	ordenar
lavar	quitar el polvo
limpiar	

_____

_____

_____

_____

_____

_____

_____

_____

_____

_____

_____

_____

_____

_____

¿DULCES? NO, GRACIAS.   Lección 4

Antes de ver el video

1 **¡Adiós, dulcísimos!** A Johnny le encantan los dulces, pero ha decidido mejorar su alimentación y, por eso, parece que Johnny se está despidiendo de los dulces. ¿Qué crees que está diciendo? Imagina un monólogo.

_____

_____

_____

_____

_____

Mientras ves el video

2 **Completar** Escucha con atención la escena en la sala de reuniones y completa la conversación entre Aguayo, Diana, Éric y Mariela.

AGUAYO   Quiero que 1) _____ unos cambios a estos 2) _____.

DIANA   3) _____ que son buenos y 4) _____, pero tienen dos problemas.

ÉRIC   Sí. Los 5) _____ son buenos no son originales, y los que son originales no son 6) _____.

AGUAYO   ¿Qué 7) _____?

AGUAYO   ¿8) _____ la voz?

DIANA   9) _____ a Dios… Por un momento 10) _____ que me había quedado 11) _____.

AGUAYO   Pero estás 12) _____, deberías estar en 13) _____.

ÉRIC   Sí, 14) _____ haber llamado para 15) _____ que no 16) _____.

3 **¿Cuándo pasó?** Ordena correctamente las oraciones del uno al cinco.

_____ a. Fabiola y Johnny hablan en la cocina.

_____ b. Mariela no puede contestar el teléfono de Aguayo.

_____ c. Johnny llega a la oficina muy temprano.

_____ d. Johnny come la Chocobomba.

_____ e. Don Miguel come un dulce.

Video Manual

Después de ver el video

4 **Oraciones falsas** Estas oraciones son falsas. Reescríbelas con la información correcta.

1. **Johnny:** Madrugué para ir al acuario.

_____

2. **Diana:** A veces me dan ganas de comer, y entonces hago ejercicio hasta que se me pasan las ganas.

_____

3. **Fabiola:** Yo, por ejemplo, no como mucho; pero trato de descansar y hacer poco ejercicio.

_____

4. **Johnny:** Comida bien grasienta (*greasy*) y alta en calorías. Juré que jamás volvería a probar las verduras.

_____

5. **Johnny:** Si no puedes comer bien, disfruta comiendo mal. No soy feliz.

_____

5 **¿Estás de acuerdo con ellos?** Explica qué hacen estos tres personajes, o qué piensan que deben hacer, para mantenerse sanos, en forma y felices. Luego, explica si estás de acuerdo o no con cada uno de ellos y por qué.

_____
_____
_____
_____
_____
_____
_____
_____
_____
_____
_____
_____

6 **¿Adictos a la vida sana?** ¿Cómo es un(a) estudiante típico/a de tu escuela? ¿Lleva una dieta sana o come comidas rápidas? ¿Hace ejercicio o prefiere descansar "hasta que se le pasen las ganas" como Diana? ¿Y tú? ¿Eres o no adicto/a a la vida sana?

_____
_____
_____
_____

¡BUEN VIAJE!

Lección 5

Antes de ver el video

1 **En la selva** En este episodio Éric y Fabiola hablan de su viaje a Venezuela. Mira la fotografía y describe qué crees que están haciendo Éric y Johnny.

_____

_____

_____

_____

_____

_____

Mientras ves el video

2 **Seleccionar** Escucha atentamente el video y marca todas las palabras y frases que **NO** se usan en este episodio.

____ 1. alojamiento   ____ 6. ecoturismo   ____ 11. inseguridad   ____ 16. árboles

____ 2. arriesgado   ____ 7. enfrentar   ____ 12. peligro   ____ 17. selva

____ 3. artículo   ____ 8. enojado   ____ 13. quejarse   ____ 18. tomando fotos

____ 4. cobardes   ____ 9. explorando   ____ 14. rayas   ____ 19. turístico

____ 5. protegido   ____ 10. guía fotográfico ____ 15. rayos   ____ 20. valiente

3 **Ordenar** Escucha con atención las primeras escenas del video y ordena las oraciones del uno al seis.

_____ a. El autobús del hotel nos va a recoger a las 8:30.

_____ b. ¿Y ese último número para qué es?

_____ c. Tenemos que salir por la puerta 12.

_____ d. Es necesario que memoricen esto.

_____ e. Es lo que van a tener que pagar por llegar en taxi al hotel si olvidan los dos números primeros.

_____ f. Cuarenta y ocho dólares con cincuenta centavos.

4 **¿Quién lo dice?** Presta atención a la conversación entre Aguayo, Éric, Diana, Johnny y Mariela al final del episodio, y escribe el nombre del personaje que dice cada oración.

_____ 1. Pero te puede traer problemas reales.

_____ 2. Es necesario que dejes algunas cosas.

_____ 3. Todo lo que llevo es de primerísima necesidad.

_____ 4. Debe ser emocionante conocer nuevas culturas.

_____ 5. Espero que disfruten en Venezuela y que traigan el mejor reportaje que puedan.

Después de ver el video

5 **¿Lo sabes?** Contesta estas preguntas.

1. ¿Por qué van Éric y Fabiola a Venezuela?

_____

2. ¿Qué les da Diana a Fabiola y a Éric?

_____

3. ¿Qué tiene Fabiola que Éric quiere ver?

_____

4. ¿Qué deben memorizar Éric y Fabiola?

_____

5. ¿Por qué Éric se viste de explorador?

_____

6. ¿Qué consejo les da Johnny a Éric y a Fabiola?

_____

6 **¡Tu mejor amigo se va de viaje!** Tu mejor amigo/a está preparando un viaje de un mes a un país remoto y exótico del cual no sabe nada. Lee las inquietudes (*concerns*) de tu amigo/a y completa las oraciones para darle consejos sobre el tipo de cosas que necesita.

Inquietudes de tu amigo/a	Consejos
No conoce el idioma.	1. Busca una persona que _____. 2. Lleva un diccionario de bolsillo (*pocket*) que _____.
No conoce las costumbres.	3. Antes de ir, lee una guía que _____.
Hace frío y llueve mucho.	4. Lleva ropa y zapatos que _____.
La altitud lo/la hace sentir muy cansado/a.	5. Planea excursiones que _____. 6. Come comida que _____.

7 **La aventura ha comenzado** Imagina que eres Éric y estás en Venezuela tomando fotos para el reportaje de ecoturismo. Cuenta en tu diario lo que hiciste, lo que viste y lo que pensaste en un día cualquiera de tu viaje.

_____

_____

_____

_____

_____

_____

_____

_____

_____

Video Manual

CUIDANDO A BAMBI   **Lección 6**

Antes de ver el video

1 **¡Uy, qué miedo!** Parece que algo extraño está pasando hoy en la oficina. Describe lo que ves en esta imagen y explica qué crees que está pasando.

_____

_____

_____

_____

_____

_____

_____

Mientras ves el video

2 **¿Cierto o falso?** Indica si estas oraciones son ciertas o falsas.

Cierto   Falso

❏	❏	1. A Fabiola le encantan las arañas.
❏	❏	2. Mariela cree que la radiación podría exterminar las cucarachas.
❏	❏	3. El café que hace Aguayo es especialmente malo.
❏	❏	4. Aguayo va de vacaciones a un lugar donde hay mar.
❏	❏	5. Mariela va a cuidar el pez de Aguayo.
❏	❏	6. A Aguayo le encanta explorar y disfrutar de la naturaleza.
❏	❏	7. A Fabiola le fascina la comida enlatada.
❏	❏	8. Aguayo colecciona fotos de animales en peligro de extinción.

3 **Bambi** Escucha con atención esta escena sobre Bambi y completa la conversación entre Diana, Fabiola y Mariela.

FABIOLA   Nos quedaremos 1) _____ a Bambi.

DIANA   Ay, no sé ustedes, pero yo lo veo muy 2) _____.

FABIOLA   Claro, su 3) _____ lo abandonó para irse a dormir con las

4) _____.

MARIELA   ¿Por qué no le 5) _____ de comer?

DIANA   Ya le he 6) _____ tres veces.

MARIELA   Ya sé, podríamos darle el 7) _____.

Lección 6 Video Manual   **115**

Después de ver el video

4 **¿Qué es lo correcto?** Selecciona la respuesta correcta para cada pregunta.

1. ¿Qué extraña Johnny? _____
   a. las islas del Caribe
   b. las playas del Caribe
   c. los peces del Caribe

2. ¿Qué está haciendo Éric? _____
   a. fotografiando islas
   b. catalogando fotos de islas
   c. soñando con el Caribe

3. ¿Cuántas fotos de las playas del Caribe ha visto Éric? _____
   a. trescientas
   b. doscientas
   c. cuatrocientas

4. ¿Quién es Bambi? _____
   a. el venadito de Mariela
   b. el pez de Aguayo
   c. un perrito con cara de pez

5. ¿Qué nombre sugiere Fabiola para el pez? _____
   a. Bambi
   b. Bimba
   c. Flipper

5 **¿Qué sabes sobre Bambi?** Contesta estas preguntas.

1. ¿Cuántas veces al día puede comer Bambi?
   _____

2. ¿Qué encontró Fabiola en el escritorio de Johnny?
   _____

3. ¿Por qué quiere Mariela darle la ballenita a Bambi?
   _____

4. ¿Qué hace Mariela para alegrar a Bambi? ¿Por qué?
   _____

5. ¿Quién está celoso (*jealous*) de Bambi? ¿Por qué?
   _____

6 **De campamento** Imagina que eres Aguayo y estás de campamento con tu familia. Escribe una entrada de diario explicando qué hicieron y qué vieron.

   _____
   _____
   _____
   _____
   _____
   _____
   _____
   _____

7 **Opiniones y preferencias** Contesta las preguntas explicando tu respuesta.

1. ¿Te dan miedo las arañas? ¿Qué haces tú cuando ves una araña? ¿Por qué?
   _____
   _____

2. ¿Qué tipo de alojamiento prefieres cuando sales de vacaciones? ¿Prefieres quedarte en un hotel o acampar? ¿Por qué?
   _____
   _____

Video Manual